# DE L'INFLUENCE

## DE LA

## SÉVÉRITÉ DES PEINES

## SUR LES CRIMES.

# DE L'INFLUENCE

## DE LA

## SÉVÉRITÉ DES PEINES

## SUR LES CRIMES;

# DISCOURS

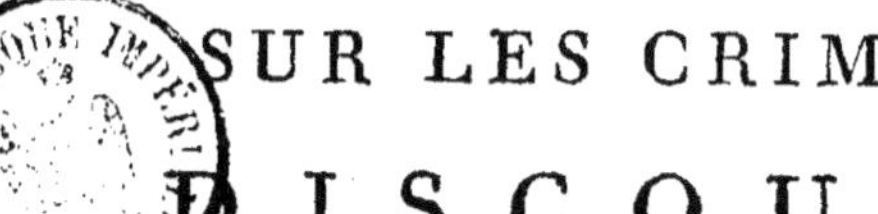

Qui a remporté le prix, au jugement de l'académie de Marseille, sur cette question : *L'extréme sévérité des loix tend-elle à diminuer le nombre et l'énormité des crimes chez une nation dépravée ?*

## PAR M. EYMAR.

---

« Con la piu grande sodisfazione del nuostro
« paterno cuore, abbiamo finalmente riconos-
« ciuto che la mitigazione delle pene . . . . in
« vece di accrescere il numero dei delitti, ha con-
« siderabilmente diminuti i più communi, e resi
« quasi inauditi gli atroci. »

(*Édit du grand duc de Toscane*, 1786. *p.* 2.)

---

# A PARIS,

Chez DE BURE l'aîné, libraire de la bibliotheque du roi, rue Serpente, n° 6.

## M. DCC. LXXXIX.

# DISCOURS

Qui a remporté le prix, au jugement de l'académie de Marseille, sur cette question : *L'extrême sévérité des loix tend-elle à diminuer le nombre et l'énormité des crimes chez une nation dépravée ?*

De tous les spectacles qui peuvent être offerts à l'étude et à la méditation du philosophe, il n'en est point de plus digne d'attacher ses regards que celui d'une société politique bien ordonnée. Avec quelle surprise et quel intérêt, lorsqu'il contemple ce merveilleux édifice, ne voit-il pas une liberté réelle naître d'une servitude apparente, un ordre immuable résulter de chocs et de mouvements divers, une direction unique se former de mille tendances opposées, et une harmonie parfaite sortir du sein des contrastes et de l'inégalité mêmes ? Comment se sont opérés ces prodiges ? Comment se peut-il qu'au moyen des institutions sociales, on voie la multitude se laisser gouverner par le plus petit nombre, la force publique résider dans une poignée d'individus, le fort et le puissant se soumettre au petit et au foible, et le repos général, fruit de ces étonnantes institutions, fonder sur elles sa base inébranlable ?

A iij

Par quel art sublime de la législation, soit que je sommeille, soit que je m'abandonne à la jouissance de tout ce qui me fait aimer la vie, la loi veille-t-elle autour de moi, et de sa respectable égide couvre-t-elle ma personne, ma famille et mes propriétés? Enfin, lorsque trompant sa vigilance, un ennemi vient m'attaquer, comment se fait-il qu'un défenseur accoure sur le champ à mon aide et s'interpose entre cet ennemi et moi pour le punir et pour me venger?

Quelle que soit la solution de ces problêmes, voilà cependant en deux mots les effets de l'admirable machine des conventions sociales et les avantages que l'homme en a retirés.

Mais, semblables à ces liqueurs qui, bienfaisantes et salutaires dans leur état ordinaire, s'aigrissent et se changent en poison après avoir fermenté, les loix, qui ne sont autre chose que les conditions sous lesquelles l'ordre public existe, deviennent l'instrument du malheur des peuples, si elles ne sont celui de leur félicité. Je dis plus : il vaut mieux n'avoir point de loix que de les avoir mauvaises.

Dans l'état de société un désordre absolu est cent fois préférable à un ordre partiel et tronqué, et l'anarchie à la corruption légale. Car, au moins dans le premier cas, chacun connoissant tous les risques qu'il court au sein d'une confusion universelle, se tient sur ses gardes et n'est jamais pris au dépourvu, au lieu que dans le second, toute prévoyance est vaine, toute sagesse se voit

trompée ; et l'homme civil , parcourant la carrière
sociale sans se douter de l'abyme qu'elle lui cache ,
ne doit qu'au hasard la courte et fragile paix dont
il peut jouir.

Les loix criminelles , celles qui ont sur la société
la plus sensible influence , parceque c'est d'elles
que dépendent immédiatement l'honneur , le repos et la vie des citoyens ; les loix criminelles ,
dis-je , ont trois objets qu'elles doivent toujours
remplir à la fois. Le premier est de défendre tous
les actes que la société a jugés lui être nuisibles ;
le second , de statuer des peines contre les infrac-
teurs de cette défense ; et le troisieme , de déterminer les preuves qui doivent produire la certitude
que la loi a été violée par tel homme , ainsi que les
moyens de les acquérir. C'est lorsque les vrais rapports de ces objets sont solidement établis , que la
partie de l'ordre légal qu'on nomme *jurisprudence
criminelle* est bonne , et c'est dans la connoissance
de ces rapports que consiste la science *judiciaire.*

Plus cette science intéresse l'humanité et plus
on a droit d'exiger qu'elle soit approfondie et per-
fectionnée. Cependant , combien il est facile , en
jetant les yeux sur les nations présentes , de se
convaincre qu'elle est encore à naître chez la plupart d'entr'elles ! Ici , la barriere sacrée que la premiere loi de la justice a mise entre l'innocence
et le crime , entre la *présomption et la conviction,*
est exposée à être franchie légalement. Là , le
degré de sévérité convenable aux peines , est sou

mis à la volonté arbitraire et au continuel tâton-
nement des juges ; on n'est déterminé que d'après
ce principe, que les peines doivent être cruelles
pour être efficaces, et que pour assurer le repos
social, il ne faut épargner ni le sang ni les tourments de ceux qui osent le troubler. Par-tout enfin,
la loi tend à détruire et à perdre, plutôt qu'à
sauver et à corriger.

Une ignorance profonde du cœur humain, un
aveugle asservissement aux préjugés les plus barbares, une vue foible et bornée, une lâche paresse
et peut-être une coupable indifférence envers cette
portion de l'humanité que l'autre portion croit
destinée de tout temps à souffrir et à être sacri-
fiée; ce sont là, sans doute, les principales sources
des malheurs trop attestés par nos annales judiciaires, et que chaque année, chaque mois, chaque
jour, dirai-je, a vu se renouveller parmi nous.
Mais, à mesure que la raison et la philosophie ont
étendu leur empire, leur clarté bienfaisante n'a
rendu que plus frappants et plus hideux les vices
de nos institutions et la barbarie de nos usages,
qu'auparavant on ne soupçonnoit même pas. A
ces premiers rayons, déja se dissipe la rouille teinte
de sang de nos gothiques préjugés. Des idées saines
de justice, de douceur et d'utilité, ne passent plus
pour des innovations dangereuses. Les sublimes
écrits de Montesquieu, de Rousseau et de Beccaria,
ont préparé les hommes de leur siecle à recevoir,
à desirer même une révolution qu'on peut annon-

( 9 )

cer comme prochaine , s'il est permis de tirer quelque heureux présage de la fermentation qui semble agiter tous les esprits.

Il faut l'avouer ; si l'homme , dans ces derniers âges, a laissé échapper, sans espoir de retour , sa liberté politique , et n'a conservé presque ni notion ni souvenir de ses droits de citoyen évanouis (1), en revanche , l'humanité , la douce humanité a recouvré tout son empire. Si, d'un côté , les ames ont perdu leur trempe vigoureuse , et ne s'élevent plus à l'énergie inflexible des vertus patriotiques; d'un autre côté , les cœurs sont ouverts aux vertus expansives d'une aimable philanthropie. La bienveillance , autrefois exclusive et bornée à la petite société qui étoit la patrie, embrasse aujourd'hui la grande société qui est le genre humain. Tel est, en partie , l'effet des lumieres , des arts , du commerce , de la communication des peuples , et de leurs action et réaction réciproques. Et , s'il est pour ce siecle , une preuve honorable des progrès de la raison , à ajouter à tant d'autres qui le distinguent, elle existe , je ne crains pas de le dire aux hommes respectables qui me la fournissent , elle existe cette preuve , dans l'occasion même à laquelle cet écrit doit sa naissance. Il n'appartient qu'à un siecle philosophe , d'offrir l'exemple d'une société littéraire qui , dédaignant des questions qui ne

_______________

(1) Ceci a été écrit avant 1788.

servent le plus souvent qu'à amuser une vaine curiosité, ou qu'à donner cours à une adulation flétrissante, fixe ses regards sur cette partie de l'humanité qu'opprime la barbarie de nos loix, ose sonder ses plaies les plus profondes, et réserve sa premiere couronne à celui qui aura su le mieux les fermer.

La question qu'elle a proposée ouvre un champ vaste à des vérités grandes et peut-être neuves. Il s'agit de déterminer l'influence de l'extrême sévérité des peines sur le nombre et l'énormité des délits, et d'en appliquer le résultat aux nations que la corruption a déja travaillées. Dans les recherches auxquelles je vais consacrer cet écrit, je ne m'écarterai point de la division simple que mon sujet me présente de lui-même. J'examinerai, en premier lieu, ce que peuvent sur les actions criminelles la douceur ou la sévérité des peines, considérées d'une maniere abstraite et commune à toutes les sociétés. Je destinerai la seconde à m'assurer si la dépravation d'un peuple n'oppose pas une exception aux regles générales que j'aurai établies. Si je parviens à démontrer que la douceur des peines répandant une heureuse influence partout où elle pénetre, est sur-tout convenable et nécessaire aux sociétés corrompues, j'aurai réussi à rendre mon sujet intéressant pour le plus grand nombre des hommes : car, de toutes les nations civilisées et polies, en est-il une seule qui ne se reconnoisse au portrait d'une société corrompue, et qui, lorsqu'il est question de celle-ci, ne voie sur le champ qu'on agite ses propres intérêts?

J'entre dans la carriere et j'aspire à la mesurer; égaré sans doute par cette erreur trop commune: qu'un desir véhément d'être utile à ses semblables, joint à un respect inviolable pour la vérité, tient quelquefois lieu de talent et y supplée toujours; si des succès flatteurs viennent couronner des vœux qu'une juste défiance de mes forces devroit me défendre de former, une noble estime de moi-même naîtra de l'approbation de mes juges, car j'aurai certainement fait un ouvrage utile. Mais si mes pas chancellent et s'égarent avant d'arriver au but atteint par mes rivaux; éclairé désormais sur la mesure de mes forces, et content du bien qui n'en aura pas été moins fait, j'applaudirai au triomphe du vainqueur; et semblable à ce citoyen de Sparte, qui, rejetté d'un conseil auquel il demandoit d'être admis, s'en retournoit joyeux du refus de sa patrie, je me féliciterai que l'humanité ait trouvé, dans sa plus belle cause, un défenseur qui valoit mieux que moi.

# PREMIERE PARTIE.

J'apelle *délit*, toute infraction volontaire à des loix légitimement établies et publiquement énoncées, et *peine*, tout changement quelconque statué par la loi, qui est apporté par la puissance judiciaire, dans l'état de celui qui est l'auteur de cette infraction, et à cause d'elle.

Une peine, en premier lieu, doit être juste; en second lieu, elle doit être douce et modérée. Mais en quoi consiste cette derniere disposition?

A proprement parler, il n'y a pas de douceur absolue dans les peines. Ce caractere est relatif au degré de sensibilité physique et morale dont se trouve doué l'individu que la loi punit; et ce degré n'est que le résultat du tempérament, de l'éducation et des diverses circonstances qui ont concouru à le modifier. Ainsi, pour tels hommes, une peine négative, la moindre empreinte déshonorante, une simple censure, sont un châtiment plus redoutable que la mort même; tandis que chez tels autres, les peines positives les plus graves ont seules quelque prise sur leur sentiment émoussé.

Il n'est pas difficile d'appercevoir que de la variété prodigieuse qui existe dans les diverses sensibilités (1), naîtroit la nécessité de prendre pour

---

(1) Il seroit à desirer que le législateur pût s'appliquer à rapprocher toutes les sensibilités vers un même niveau, ou du moins

mesure de la sensation qu'on voudroit produire,
non la délicatesse des facultés les plus faciles à
émouvoir, ni la calleuse insensibilité des autres,
mais une moyenne proportionnelle entre ces deux
extrêmes, si la recherche n'en dépendoit d'un caL
cul qu'il est difficile et même impossible de rendre exact dans une société nombreuse, et s'il y
avoit, pour déterminer le vrai caractere de la douceur et de la sévérité, un autre moyen meilleur et
plus simple. Il consiste à prendre pour guide, ce
degré précis d'intensité qui est nécessaire à la peine;
afin qu'elle remplisse le premier but auquel elle est
destinée, savoir; de réfréner le crime et d'épouvanter le méchant.

C'est de ce moyen que nous ferons usage pour
fixer nos idées et notre définition; et d'un côté,
repoussant un zele mal-entendu pour l'humanité,
qui nous feroit peut-être oublier ce que nous devons
à la tranquillité sociale; et d'un autre côté, fer-
mant l'oreille au cri barbare du puissant et du riche, qui veulent que tout soit sacrifié à la sûreté
paisible de leurs jouissances, nous appellerons *séveres* et *cruelles*, les peines qui vont au-delà du
but réprimant et exemplaire dont je viens de parler, et *douces* et *modérées*, celles qui se renferment
exactement dans ce but.

A peine ces notions sont-elles acquises, qu'elles

---

à en faire disparoître les grandes inégalités. Les loix pénales
étant des actes généraux et communs à tous les citoyens, il faut,

noüs ouvrent une théorie simple, et qu'elles nous font comprendre qu'une jurisprudence sévere, d'après notre définition, est à la fois barbare, injuste et tyrannique ; barbare, en ce qu'elle foule aux pieds les droits de l'homme outragé par des supplices gratuitement atroces ; injuste, en ce que dans la peine qu'elle inflige, il y a une portion qui n'a pas été méritée ; car tout homme est innocent, relativement à tout ce qu'il souffre au-delà de ce qu'il doit souffrir ; enfin tyrannique, en ce que l'homme, en passant à l'état civil, n'a pu et dû aliéner de la liberté naturelle, que la partie qui étoit nécessaire au maintien de la société à laquelle il s'agrégeoit : or, la sévérité étant un

autant qu'il est possible, que tous les citoyens se trouvent placés dans un même rapport envers ces actes ; et il ne peut qu'y avoir un désordre choquant dans leur application, si chaque citoyen est doué à un degré différent de la maniere d'en être affecté ; si l'un, par exemple, est dans le cas d'invoquer et de recevoir une certaine peine comme un bienfait, et l'autre de lui préférer la mort. Il est même impossible alors d'établir, pour une nation entiere, une mesure égale et fixe de douceur et de sévérité dans les loix, sans occasionner presque toujours à la peine un excédent injuste ou un défaut dangereux, tous les deux également à éviter ; excédent injuste, en ce qu'il expose le coupable d'une complexion sensible et délicate à souffrir plus qu'il n'a mérité ; et défaut dangereux, en ce qu'il est entièrement en faveur du méchant robuste.

Il y auroit deux moyens d'obvier à ce mal ; l'un absurde, impraticable, subversif de toute société, et que je ne désigne que pour mieux éclaircir mes idées, seroit d'étudier chaque tempé-

moyen inutile pour remplir cette fin, il suit clairement qu'elle ne procede que d'un abus de pouvoir.

Mais ne produit-elle aucun bien en compensation des maux qu'elle cause ? ne va-t-elle pas au
but plus lentement qu'une mitigation lente et
douce ? ne parvient-on pas par son moyen à faire
mieux respecter les loix, comme on parvient à
exécuter de plus grands mouvements à l'aide de
plus grandes forces ? en un mot, et pour me réduire aux termes de la question, *ne tend - elle pas
à diminuer le nombre et l'énormité des délits ?*

Soit que l'on consulte la raison et que l'on des-
cende dans le cœur de l'homme, soit qu'on ouvre
les annales du monde, et que l'on parcoure les
monuments politiques et judiciaires que le temps

---

rament, de connoître, pour ainsi dire, le tarif de chaque sensibilité, et d'établir sur cette connoissance un code pénal pour
chaque particulier ; l'autre seroit de réduire tous les *sentiments*
individuels à une même mesure. Or, pour réduire tous les senti-
iments individuels à une même mesure, il faut rapprocher les
conditions, placer tous les citoyens à-peu-près dans les mêmes
circonstances, et leur donner une même maniere d'être affectés.
Tel fut le but des premieres associations ; telle a été la tendance
des institutions républicaines et de toutes les éducations publiques. Je m'abstiens, comme de raison, de conseiller aujourd'hui
ce moyen ; mais qu'il me soit permis de déduire de ce qui vient
d'être dit cet important théorême : plus il regne d'égalité dans
les membres d'un état, et plus les loix criminelles s'y exécutent
avec justice. En voici le corollaire : tout gouvernement qui favorise l'inégalité, prépare de loin une foule d'injustices dans l'application et la distribution des peines.

nous a conservés, soit enfin qu'on jette ses regards sur l'état actuel des nations civilisées, il sera facile de prendre un parti décisif sur cette question. La raison et la réflexion d'une part, d'autre part l'observation et l'expérience nous portent à refuser à la sévérité des peines la faculté de diminuer les crimes. Je vais rechercher les motifs sur lesquels cette décision est fondée, et commencer par ceux qui nous sont offerts par la raison et la réflexion.

C'est une vérité commune et dont il n'est pas permis de douter, que toute impression forte tend nécessairement à s'affoiblir par la durée de son intensité ou par la fréquence de ses actes. Il est également vrai que de toutes nos facultés, il n'y en a pas qui soit plus soumise à cette impérieuse loi, que notre sensibilité morale, parcequ'il n'y en a pas que la nature ait resserrée dans de plus étroites bornes. Semblable à ces corps qui s'alterent par le frottement, la sensibilité s'use et se perd à force d'être excitée. Notre ame, engourdie par la réitération des mouvements, ne répond plus à ceux qui d'abord avoient suffi pour l'agiter, et elle finit par ne pouvoir être réveillée que par des ébranlements vifs et fréquents, qui bientôt affoiblis et effacés à leur tour, en appellent de plus vifs et de plus fréquents encore. Le soldat environné de carnage, le médecin au milieu d'une contagion, voient des mourants et entendent des cris de douleur sans émotion et sans pitié : de même, le citoyen, qu'a souvent frappé le spectacle des supplices ;

en vient au point de les envisager sans terreur, et d'y assister avec la plus froide indifférence.

C'est donc bien mal connoître le cœur humain, que de s'imaginer qu'on ne peut l'épouvanter que par une rigueur excessive, et que plus une peine sera cruelle, plus elle sera réprimante. Hommes sévères, votre but sera peut-être rempli tout de suite et aux premieres exécutions de vos loix de sang. Mais, cette peine qui est à présent réprimante, mais cette rigueur aujourdhui excessive, subira le sort de toutes les impressions fortes, elle deviendra foible, on s'y familiarisera (1). Vous redoublerez alors de cruauté; mais à quoi cela vous servira-t-il, si vous n'avez pas le pouvoir d'augmenter de même l'intensité du sentiment? Diminuez celle de l'impression, jusqu'à ce que toutes les deux soient en équilibre, ou vous ressemblerez au mécanicien stupide, qui pour ébranler une moins forte masse, allongeroit son levier.

Mais la fréquence des impressions profondes n'a pas un produit seulement négatif (2): la dureté du

---

(1) « Severitas assiduitate amittit auctoritatem. » ( *Senec. de Clement. lib. I*, *cap.* 22. )

(2) S'il est vrai, suivant les partisans de la rigueur, qu'une peine atroce imprime dans l'ame des spectateurs un sentiment toujours vif, une trace toujours profonde, parcequ'elle est fortement remarquée, n'est-il pas vrai aussi qu'elle est dans le cas de fixer leur attention sur le genre de crimes qui y a donné lieu? N'est-il pas vrai, par conséquent, qu'elle peut leur en faire naître l'idée, et rendre insensiblement ce crime plus commun?

Le déclamateur Séneque a essayé de résoudre ces questions



B

cœur n'est pas seulement l'absence des vertus qui tiennent à la douce sensibilité; elle traîne encore à sa suite la cruauté, l'atrocité, l'injustice, la violence et toutes les passions qui enfantent les crimes. Mille observations attestent que l'horreur de voir couler le sang et celle de le répandre soi-même, marchent et s'affoiblissent de concert.

J'entends vanter de toute part la délicatesse et la sensibilité de certains peuples extrêmement civilisés. Pour juger de la vérité de ces éloges je ne veux ni consulter leurs livres, ni écouter leurs philosophes; il me suffit de jeter un coup-d'œil sur leurs loix criminelles. Sont-elles douces et indulgentes, ces éloges sont mérités; mais si elles

---

dans un passage qui est relatif au plus horrible des crimes. « Votre pere, osoit-il dire à Néron, a fait, dans l'espace de cinq ans, « jeter à l'eau plus de parricides, cousus en un sac, qu'il n'en « avoit été jetés dans les siecles précédents. Tant qu'il n'y a pas eu « de loi contre ce forfait, les enfants ont été beaucoup moins enhar-« dis à le commettre—. Mais les parricides sont entrés dans Rome « avec la loi qui a été établie contre eux, et l'énormité de la pu-« nition a donné l'idée du crime. Aussi la piété filiale est-elle aux « abois depuis qu'on a vu un grand nombre de sacs de cuir. » (*De Clem. lib. I, cap.* 23. ) »

Je suis loin d'adopter ce raisonnement de Séneque, et de croire que le parricide soit plutôt l'effet d'une loi qui le défende, que de circonstances affreuses, ou de l'excès de la corruption. Mais ce qui n'est qu'un sophisme méprisable à l'égard du plus énorme des forfaits, peut être un principe vrai à l'égard des délits d'un second ordre, et sur-tout des fautes légeres. Il est possible qu'une loi qui pour ces derniers cas, sort des limites de la raison et de l'huma-

sont atroces , si à chaque ligne, j'y vois tracés ces mots lugubres de roue , de chaînes , de levier; ou elles me peignent le vrai caractere de la nation qui les conserve , ou elles m'annoncent qu'elles l'ameneront tôt ou tard au niveau de leur férocité.

Les ames une fois montées au ton du législateur, se moulent sur le caractere de ses sanctions. Il ne doit pas paroître bien étonnant que le peuple suive l'impulsion que lui donne une jurisprudence sanguinaire, ni qu'il y ait beaucoup de meurtriers dans un pays où la loi autorise les meurtres juridiques (1), et où le bras judiciaire les consomme si souvent.

---

nité, réveille l'attention sur le délit qu'elle défend , pique la curiosité, excite la résistance , et fasse soupçonner plus de profit à le commettre qu'il n'y en a réellement ; car l'intensité pénale est censée toujours combinée avec l'attrait du crime , ou , ce qui revient au même, avec le fruit qu'on en peut retirer. Qu'on renouvelle les sorciers auxquels on ne songe plus, aussitôt les tribunaux ne cesseront de retentir d'accusations de sortilege. Que le gouvernement proscrive sous des peines démesurées, un livre, certaines assemblées, les jeux de hasard, ou bien les discours hardis et imprudents, sa rigueur insensée n'aboutira qu'à allumer le desir et à multiplier les infractions. C'est en observant cette disposition du cœur humain, plus digne peut-être qu'on ne pense d'être étudiée, qu'on parviendra à expliquer les effets prodigieux de l'imitation, la contagion du fanatisme, et comment il arrive que chaque goutte de sang, versée pour le soutien d'une opinion persécutée, est une semence qui la propage, ou un ciment qui l'affermit.

(1) « Une loi qui permet à un juge de punir de mort, ne fait

Législateurs, étudiez les ressorts de l'ame et la théorie des passions, avant de vous armer d'une rigueur dont le moindre mal est d'être inutile et gratuite. Sachez qu'en étouffant la sensibilité, vous étouffez la pitié, ce germe précieux de toutes les vertus publiques et privées; sachez que les supplices recherchés, loin de toucher les hommes, les rendent indisciplinables et vils; qu'ils conduisent à une stupeur atroce, plutôt qu'à l'horreur du crime. Apprenez qu'il n'y a nulle vertu, nul sentiment généreux à attendre d'une ame endurcie et cadavéreuse, et qu'enfin il n'est plus de ressource pour l'ordre social, ni de frein et de majesté dans les loix, lorsque le scélérat est parvenu à ce degré de férocité, ou plutôt d'abrutissement, dans lequel il peut froidement dire à l'aspect d'un échaffaud dressé : *N'est-ce que cela ?*

La premiere preuve de la dangereuse influence des peines séveres sur les crimes réside donc dans les bornes qui circonscrivent notre sensibilité morale, et qui l'empêchent d'augmenter en raison de la cruauté du législateur. Je déduirai la seconde de l'impossibilité de concilier avec une rigueur extrême la proportion qui doit être conservée entre le délit et la peine, et des malheurs attachés au renversement de cette utile proportion.

---

« autre chose que lui assurer l'impunité, s'il use de cette permis-
« sion ; mais elle ne le disculpe point du crime de meurtre. » (*Note au Commentaire des délits et des peines, par Volt. pag. 224.*)

Les peines étant le tarif sur lequel les hommes doivent apprécier leurs fautes, relativement à la société ; si ce tarif est inexact, faux et mal calculé, l'on ne pourra connoître les divers degrés de *culpabilité*, ni s'assurer de la vraie moralité des actions.

Le peuple manquant d'une mesure commune qui l'aide à distinguer sans erreur un délit d'un délit, et à ranger chacun d'eux dans sa classe de gravité relative, se fera de fausses idées du crime et de la vertu, du juste et de l'injuste, et de la morale en général. On voit aisément où cela le mene pour ses devoirs.

Mais quel est ce moyen d'atteindre à cette juste proportion qui, en opposant chaque peine à sa faute correspondante, doit servir de guide à la morale publique ? En vain vous la chercherez dans des rapports purement imaginaires, et, à l'exemple de quelques politiques, vous tenterez de soumettre ces rapports à la rigueur des calculs ; en vain, séduits par une apparence trompeuse d'équité, vous marcherez à la lueur du talion absurde ; en vain, d'après le conseil de vos philosophes, vous tirerez la nature des châtiments de la nature des crimes. Peut-être, et pour quelques cas seulement, obtiendrez-vous une correction passagere et imparfaite ; mais pour une proportion fixe, constante et universelle, vous ne la trouverez qu'au moyen d'une extrême douceur dans les peines : je vais m'expliquer.

Il n'existe et ne peut exister, sans doute, entre les peines et les délits, aucune proportion absolue et mathématique, puisqu'on ne connoît entre ces deux choses tout-à-fait différentes , aucun point identique et commun de comparaison, soit dans l'intensité, soit dans la durée, soit dans le produit, soit dans tout autre rapport. Mais, au défaut d'une pareille proportion , la sagesse du législateur doit s'en composer une autre qui , quoique relative et conventionnelle , ait aussi-bien que la précédente , ses problèmes et ses équations ; et cette proportion doit être de *divisibilité*. Il faut, pour qu'elle soit remplie, que le *terme* des peines soit divisible en autant de parties que le *terme* des délits ; ou , pour mieux m'exprimer, il faut que le nombre des combinaisons d'être châtié, approche le plus qu'il est possible du nombre des combinaisons d'être criminel.

On raconte (1) que le sanguinaire *Dracon*, dans les loix qu'il avoit données aux Athéniens, avoit indifféremment ordonné la peine de mort pour toutes sortes de crimes , sous prétexte, disoit-il, qu'il estimoit les fautes les plus légeres dignes d'une telle peine, et que pour les plus graves il n'en trouvoit pas de plus rigoureuse. Si nous supposons maintenant, non un code criminel semblable à celui de Dracon (j'ose le croire fabuleux) , mais une jurisprudence , dont la sévérité soit telle que la peine y passe rapidement et avec très peu de gradations, depuis le premier jusques au dernier terme de la douleur ; nous reconnoîtrons facilement

---

(1) Plutarque , vie de Solon.

que dans l'espace très court entre les deux termes,
que, dans notre supposition, parcourra le glaive
juridique, le système général des peines est susceptible de ne recevoir qu'un nombre très borné de modifications différentes, tandis que le système général des délits est susceptible d'en recevoir un si grand
nombre qu'il ne peut être calculé.

En effet, de quelque maniere qu'on juge de la
*grandeur* des délits, si l'on veut la parcourir dans
toute son étendue, dans toute sa progression, on la
trouvera incommensurable. Veut-on s'en convaincre ; qu'on observe qu'on ne sauroit songer à un
acte de scélératesse, quelque atroce qu'il soit, sans
pouvoir en même temps se former l'idée d'un autre
acte qui le soit encore davantage. Mais si l'effroya-
ble carriere des crimes n'a pas de bornes, il n'en est
pas de même de celle des peines séveres, et sur-tout
des peines corporelles. La douleur ne sauroit aller
un peu loin et sa vivacité être de quelque durée,
sans être aussitôt arrêtée par la solution de conti-
tinuité, ou par la destruction totale de la machine.
Le fini est autant distant de l'infini que l'échelle
progressive des châtiments séveres l'est de celle des
délits. Dans deux étendues aussi inégales, sur quelques points de contact qui peuvent se rencontrer,
combien d'autres qui porteront à faux ou à vuide !
Vous frappez d'une mort ignominieuse et cruelle
ceux qu'un écart de raison, qu'une imprudence,
que le délire d'une passion brûlante, ou que l'horreur insupportable de l'indigence ont entraînés dans

l'abyme et paroissent excuser; mais quel sort desti-
nez-vous au scélérat qui s'endort au sein de ses com-
plots perfides, au traître qui vend sa patrie, au mons-
tre qui trempe ses mains dans le sang de celui de
qui il reçut le jour? Quel sera donc leur supplice,
puisque les délits des premiers ont déja épuisé toutes vos rigueurs?

Cependant on frémit en se retraçant les désastres
sanglants, où ce vice monstrueux dans la distribution des peines, peut plonger la société. L'impie au
cœur d'airain, le pervers inflexible et sombre, après
avoir déja encouru par un forfait le dernier effort
des vengeances juridiques, sachant que, quelques
forfaits qu'il y ajoute encore, son sort ne sauroit
empirer, ne peut-il pas se livrer à tous les excès que
sa rage infernale, que la soif de se venger, que ses
inimitiés particulieres, que ses caprices mêmes lui
inspireront? quel frein l'empêchera de sacrifier tout
ce qui s'offrira sur son passage, de se baigner dans
le sang, et de déclarer à ses concitoyens une guerre
d'autant plus terrible qu'il frappe sans danger pour
lui? Le scélérat le plus noir de tous, celui qui réflé-
chit et calcule, n'entrevoyant sa sûreté que dans la
destruction de tout ce qui peut déposer contre son
forfait, manquera-t-il de l'acquérir à tout prix, et
de se frayer un chemin à l'impunité, à travers un
monceau de victimes? La peine qui l'attend ne peut
plus augmenter; mais ses crimes iront aussi loin
que ses forces : et marchandera-t-il sur le nombre,
lorsque chacun d'eux devient pour lui un acte de

prudence, une précaution ? Confusion des loix, inconséquence du législateur, voilà votre ouvrage !

Les crimes et les malheurs qu'entraîne la disproportion des délits avec les peines, ne prennent leur source que dans la sévérité des loix criminelles, dans cette sévérité qui, resserrant en un espace trop borné les deux extrêmes du système pénal, laisse tout ce qui est au-delà du délit auquel le dernier terme est correlatif, sans proportion, sans rapport, sans punition, et par conséquent sans barriere et sans frein. Je conclus donc que le seul moyen de les prévenir, et en même temps d'établir la jurisprudence criminelle sur une base d'équité fixe et inaltérable, c'est d'en bannir la sévérité. Une législation douce et humaine s'accommode, se proportionne à tout, et fait face à tous les délits. Plus les peines sont modérées, et plus le cercle pénal est vaste et divisible. Il est aisé de voir combien, soit en les employant séparément, soit en les combinant l'une avec l'autre, leur usage, sagement ménagé, prépare au législateur des ressources inépuisables, et comment peut se former ainsi une échelle progressive, correspondante à celle des délits.

S'il est vrai qu'une loi pénale inutile et sans objet, ne seroit qu'une atrocité absurde, il n'est pas moins vrai qu'une des conditions imposées à la peine, pour qu'elle soit efficace, est d'être dirigée vers un but réparateur et correctif. Accuser la sévérité de prendre une route opposée, c'est ajouter un nouveau caractere à ceux qui viennent d'être tracés de sa désastreuse influence.

A considérer la plupart des législations modernes,
on ne sait de quoi il y a lieu de s'étonner le plus,
ou de l'esprit de vertige qui semble les avoir dictées,
ou de l'admiration stupide qu'elles excitent encore
chez ceux-mêmes qui devroient en être le plus ré-
voltés , malgré les cris qui s'élevent contre elles de
toutes parts. Elles ne parlent que de mutilation,
de vengeance, de mort , et jamais de conservation,
de correction, de résipiscence. Semblables au despotisme décrit par Montesquieu , au lieu de cueil-
lir le fruit, elles abattent l'arbre. On diroit que
leur grande fin est de détruire, et que la société,
ainsi que les religions payennes , ne sauroit être
honorée que par des victimes. et des sacrifices.
Quoi donc ! celui qui fut un pertubateur, un citoyen pernicieux , ne peut-il plus devenir un bon
sujet, un citoyen utile ? n'y a-t-il aucun espoir que
la vertu vienne encore habiter dans un cœur
dont elle s'est éclipsée une fois ? Etrange condition
de l'humanité ! On parvient à adoucir les animaux
les plus sauvages, et à les dépouiller de leur férocité naturelle, on force peu-à-peu le tigre à déposer sa furie aux pieds de son conducteur et à
lécher la main qui l'apprivoise ; et l'homme qui
ne naît point féroce , l'homme qui naît sensible
et bon, l'homme seul est incorrigible, indomptable !
C'est du moins comme tel qu'il est considéré par
nos loix ! . . . . Loix barbares ! Oui c'est par vous
et non par ses penchants que l'espece humaine est
irrévocablement avilie et dégradée. C'est par ce

mépris dont vous la flétrissez, que l'on compte pour rien les mœurs du coupable dont on a compté la vie pour quelque chose, et que ces lieux appellés faussement et scandaleusement *maison de correction*, semblables à ces cloaques impurs qui changent en immondices tout ce qu'on y jette, ne sont que de vils dépôts où le vice, l'opprobre et l'effronterie entassés et renforcés l'un par l'autre, se disputent la prééminence, et où ce qui peut rester de vertu et d'honnêteté dans un cœur est à jamais englouti.

Détournons nos regards de ces hideux objets. Toute peine qui n'a pour but que la vengeance et l'expiation, se trouvera rarement dans le code d'une nation sage. Mais les peines de correction et d'épreuve y figureront presque à chaque article.

La main judiciaire sera plus employée à guérir les plaies de la société, qu'à lui en faire de nouvelles (1).

Si la régénération de l'homme pervers n'est pas impossible, il n'est réservé de l'entreprendre et de l'achever qu'à une administration qui se conduise d'après les principes d'une mere tendre, et non d'après ceux d'un implacable tyran.

C'est en excitant les mouvements de l'honneur et de l'estime de soi, dont il reste toujours quelque étincelle dans le cœur de l'homme, que le

______

(1) « Ut magis est probanda medicina, quæ vitiosa corporis sanat, quàm quæ exurit : ità melior magistratus qui cives improbos corrigit, quàm qui tollit è medio. » ( *Quint. Decl.* 184 )

méchant féroce est désarmé, et que la société corrective rend à l'état sains et vigoureux, les membres qu'elle en avoit reçus difformes ou malades.

Hommes d'état, je réduis pour vous ces maximes à une seule, et je l'emprunte de l'illustre philosophe Génevois. *Il n'est point de méchant qu'on ne puisse rendre bon à quelque chose* (1). Vérité précieuse et qu'une cruauté insensée s'efforce en vain d'étouffer, soyez désormais gravée à la tête de tous les édits criminels, ou plutôt dans le cœur de tous les souverains, comme autrefois les loix de Minos l'étoient sur le sein des rois de Crete! Législateurs, protégez-la cette vérité contre les outrages de la tyrannie, contre les artifices du sophisme, contre les préventions de l'ignorance, et qu'elle vous guide sans cesse ! Après avoir épargné à la société des pertes irréparables, quel plus grand bien pourriez-vous lui faire que de forcer à devenir *bons*, les méchants qu'elle renferme ?

Enfin, c'est un effet inévitable de l'extrême sévérité des loix criminelles, d'en empêcher l'exécution, et par conséquent de multiplier les désordres publics qui naissent presque tous de l'impunité. S'il est un seul cas où le ministre d'une loi cruelle se résoudra à la mettre en vigueur, sans outrager la nature, c'est lorsque l'atrocité du délit ira de pair avec l'atrocité de la peine, ce qui ne soumettra au châtiment que les crimes les plus

______

(1) Contrat social, liv. II, chap. 5.

énormes, c'est-à-dire les plus rares. Mais lorsqu'il s'agira de délits moins graves, et contre lesquels cependant cette même loi est armée de la plus injuste rigueur, le glaive échappera de ses mains énervées par la pitié.

J'en appelle à vous, juges compatissants et honnêtes ; j'atteste votre cœur sensible et ces combats entre le cri du devoir et celui de l'humanité qui l'ont si souvent déchiré. Combien de fois votre propre raison ne l'a-t elle pas emporté sur les loix et sur l'obéissance passive que vous leur aviez jurée? Combien de fois, pressés et par l'opinion publique et par votre conscience, et par ces principes de justice éternelle, profondément gravés dans vos ames, avez-vous, pour ainsi dire, repoussé à la vie et rejetté dans la société, impuni, triomphant et prêt à la troubler encore, celui qui n'eût pas échappé à la peine, s'il ne se fût agi que de l'enchaîner?

Lorsqu'une peine est sans mesure, le crime non-seulement se fortifie à l'ombre de l'impunité, mais il étend ses ravages sans éprouver de poursuite. Le juge marche à ses fonctions sans énergie et sans confiance. L'ardente investigation des délits n'est plus à ses yeux qu'un acharnement barbare, et les précautions pour surprendre et déconcerter les méchants, que des piéges infâmes et un art plutôt fait pour le vil espionnage que pour l'auguste magistrature (1).

---

(1) Que si l'on accusoit ces frayeurs d'être exagérées, et ce ta-

A la vérité , il est un moyen sûr de conserver
à des loix de sang toute leur force ; c'est de n'en
confier l'exécution qu'à des juges aussi durs qu'elles,
qu'à des hommes familiarisés aux larmes et aux tourments des malheureux. Telle fut la politique des
Néron , des Caligula, des Henri VIII et de la plû-
part des monstres qui ont désolé la terre. Mais,
vous qui ne voulez pas leur ressembler, chefs des
nations , qui n'êtes encore qu'imprudens , redou-
tez le dernier des malheurs de cette politique exécrable. Craignez que , pour assouvir sa fureur ,
le barbare que vous aurez choisi , ne promene
à son gré le glaive déposé dans ses mains redoutables.
Craignez que comme au Saturne de la fable , il ne
lui faille chaque jour un certain nombre de victimes humaines. Craignez de voir se vérifier cette
maxime d'un ancien philosophe (1) , que *qui châtie rudement , châtie d'ordinaire injustement* , et

---

bleau d'être composé d'après les ombres d'une imagination lu-
gubre , j'invoquerai le témoignage d'un homme bien digne de
faire autorité, sous le double titre de philosophe et de magistrat. « Lorsque l'occasion, disoit le maire de Bordeaux, m'a
« convié aux condamnations criminelles, j'ai plutôt manqué à la
« justice. Les jugements ordinaires s'exasperent à la punition, par
« l'horreur du méfait; cela même refroidit le mien .... L'hor-
« reur d'un premier meurtre m'en fait craindre un second, et la
« laideur de la première cruauté me fait abhorrer toute imita-
« tion. » ( *Essais de Mont. liv.* 3 , *chap.* 12.)

Ô que de grandes leçons renfermées dans ce peu de paroles ! je
me garde bien de les commenter.

(1) Sénèque.

qu'il ne reste plus à l'homme de bien qu'à fuir ou qu'à envelopper sa tête. Si vous gardez vos loix, extirpez les juges féroces, et qu'à tout prix, à tout risque, la miséricorde et l'indulgence siégent sur vos tribunaux. Il faut bien que la malheureuse humanité puisse compter sur le cœur du juge, alors que celui du législateur est de fer. Malheur toutefois à la nation chez laquelle l'application littérale de ses loix est un crime et la pitié des magistrats la plus nécessaire des vertus !

Mais ce n'est pas seulement en arrêtant les fonctions de la magistrature, que la sévérité des peines fait naître l'impunité. Elle la favorise encore, en écartant des tribunaux les plaignants et les dénonciateurs, ces instruments si nécessaires à l'exercice des fonctions juridiques, et sans lesquels les ministres des loix, réduits à n'en connoître les infractions que par la clameur publique, ne seroient qu'un corps inerte et passif. Si le crime de faux (1), par exemple, est puni du dernier supplice, si le vol avec effraction ou sur un grand chemin (2), si le larcin domestique (3), conduisent

______

(1) Comme en Angleterre. Plusieurs exemples, et entre autres celui du docteur *Dodd*, pendu à Londres en 1777, prouvent que le crime de faux y est exclu de la grace du roi, dont l'espoir est ouvert à presque tous les autres crimes.

(2) Comme en France, où une Ordonnance de François premier, de 1534, condamne à la roue les auteurs de ces deux especes de vol.

(3) Déclaration de Louis XV, de 1724.

Tout le monde connoît la lettre écrite en 1784 aux auteurs du

inévitablement à la mort ; quel est l'homme spolié ou trahi, et conservant encore quelque reste de bonté et de vertu au fond de son cœur, qui n'y étouffe avec horreur jusqu'à la moindre idée de se plaindre, et pour me servir de l'expression d'un

Journal encyclopédique, par **M.** le président Dupati, au sujet de cette loi et de l'étrange explication qui, dans ce temps, en fut donnée par le garde des sceaux d'*Arménonville*, au conseil supérieur d'Alsace. J'ai partagé avec toutes les ames sensibles, l'admiration et l'attendrissement qu'a causé cet écrit touchant et sublime, et j'en vénère profondément l'auteur. Mais qu'il me soit permis de hasarder ici une réflexion qui est bien plus un hommage qu'une censure. Ne valoit-il pas mieux peut-être attaquer de front la loi de Louis XV, la peindre sans déguisement dans toute son horreur, et tonner contre elle avec tous les foudres d'une mâle éloquence, afin de contraindre le législateur à la révoquer tôt ou tard, que d'en pallier les effets par des tours de force, que de vouloir, par le plus subtil des sophismes, persuader qu'il n'y a point de loi de mort contre le vol domestique, dans une loi qui dit (art. II), en termes formels, que le *vol domestique sera puni de mort*, que de courir enfin le risque, en donnant crédit à une chimere, d'éterniser cette loi honteuse et funeste ?

Quelque bien que sa lettre ait produit, quelque respectables qu'aient été ses intentions, M. Dupati a donc, ce me semble, commis deux fautes ; la première, c'est d'établir qu'une *explication* particuliere, secrete, locale, ambiguë, et sans le moindre caractere légal, quoique donnée au nom du souverain, puisse jamais servir de compensation et de contre-poids à une loi complete, précise et solemnelle. Il est évident que l'admission au rang des loix de mille interprétations obscures, outre qu'elle est inconstitutionnelle, tendroit à ne faire de la législation qu'un épouvantable chaos. La seconde faute de M. Dupati a été d'honorer de ses éloges une explication qui laisse entièrement à l'arbitraire

magistrat célebre (1), qui n'arrête ou n'abandonne une réparation et une vengeance qu'il faudroit aller prendre sur un échaffaud? et s'il s'en trouve d'assez durs pour abjurer toute pitié, et pour demander justice à tout prix, voyez quel fruit amer de leur accusation ne recueillent pas ces hommes sans entrailles dans l'opprobre et l'exécration publique dont ils restent à jamais couverts! C'est ainsi qu'impunément la sûreté domestique est violée, les propriétés sont livrées à la rapacité des brigands, et la foi publique aux manœuvres de la perfidie. C'est ainsi que la terreur d'un code cruel fait tourner au préjudice de la société, l'indulgence, la miséricorde, l'humanité, la pitié, et toutes ces dispositions généreuses qui

---

et à la conscience du juge *le discernement des circonstances qui doivent le déterminer à prononcer la peine de mort contre un voleur domestique.* ( Lettr. de d'Armén. au cons. sup. ). De l'arbitraire dans l'application de la peine de mort! . . . . le mal étoit grand sans doute; mais quelle mitigation, quel remede ! . . . . Dans un siecle de lumieres et de philosophie, il n'est qu'un cas où il soit permis aux *Platon*, aux *Montesquieu*, aux *Dupati*, aux *Filangiéri*, à ces hommes faits pour commander à l'opinion publique et à la raison du législateur; il n'est qu'un cas, dis-je, où il leur soit permis de biaiser, de fléchir devant une loi atroce, de la circonvenir, et, si j'ose le dire, de la surprendre par ruses et par subtilités, c'est lorsque cette loi est absolument irrévocable. Mais ce cas, très rare dans quelque gouvernement que ce soit, n'existe et ne doit jamais exister dans une monarchie, et la complaisance des grands écrivains y reste sans excuse.

(1) M. le prés. Dupati. ( *Lettre du* 20 *septembre* 1784, *aux auteurs du Journal encyclopédique.*

C

devoient la protéger, et en y répandant les plus douces vertus, y répandre aussi les plus doux charmes.

J'ai exposé les dangers de l'extrême sévérité, et
parcouru les diverses routes par lesquelles elle tend
à l'agrégation et à la multiplication, plutôt qu'à la
diminution des crimes. Mais les vérités qui viennent
d'être développées sont-elles confirmées par l'expérience, et puis-je au raisonnement joindre les observations et les faits?

En jetant nos regards sur les peuples, ce seroit
une recherche digne d'exercer toute notre sagacité
que celle qui tendroit à démêler, à travers les révo-
lutions politiques, quels furent le caractere des institutions judiciaires, et leur constante influence sur
les forfaits et sur les mœurs; mais on se flatteroit en
vain d'y réussir dans les âges reculés. Sur presque tous
ces objets intéressants l'antiquité nous refuse son témoignage, et nous ferme pour ainsi dire ses annales.
Nous connoissons assez distinctement quelques an-
ciennes loix criminelles; mais jusqu'à quel degré et de
quelle maniere précise elles ont influé sur les crimes,
quelle part elles ont eue, soit seules, soit en concours avec d'autres causes, sur l'ordre public; c'est
ce qui a échappé et échappera souvent à l'histoire,
dont le burin s'appuie sur les grands traits et sur les
grandes vicissitudes, mais glisse légerement sur l'action douce et insensible des institutions paisibles,
telles que les loix économiques des empires.

Je garderai donc le silence sur les peuples dont il
ne nous reste que des monuments incertains et des

témoignages équivoques. Je me tairai sur les Égyptiens (1), malgré l'honneur que leur fit Solon en empruntant d'eux quelques loix pour sa patrie; sur les Perses et sur leur jurisprudence admirable (2),

---

(1) Sous plusieurs regnes, la peine de mort fut abolie en Égypte; les criminels étoient alors employés à bâtir des villes, à en préserver d'autres des inondations du Nil, ou à dessécher le Delta. Diodore de Sicile, en parlant du roi *Actisanes* qui s'étoit ainsi signalé par une douce administration, ajoute cette réflexion : « Il « jugea qu'en sauvant la vie aux malfaiteurs, il changeroit une « rigueur infructueuse en une punition dont l'Égypte tireroit de « grands avantages. » (*Diod. Sic. liv.* 1 , *cap.* 2. )

(2) Le cœur aime à se reposer sur les institutions judiciaires des anciens Perses. Un ordre admirable dans la marche et dans l'instruction des procédures, joint à des loix sages qui veilloient sans cesse sur l'innocence, avoit conduit leur jurisprudence à un degré de perfection inconnu aux autres peuples. On ne pouvoit y exercer aucun office de judicature avant l'âge de cinquante ans. Les rois eux-mêmes, avant de monter sur le trône, se faisoient instruire par les mages dans l'art de gouverner, et apprenoient sous eux à rendre aux peuples une justice éclairée et impartiale. Une extrême modération dans la peine devoit nécessairement découler de ces belles institutions , et en découloit en effet. Non seulement il étoit défendu, par une loi précise, de punir de mort pour une premiere et unique faute, quelle qu'elle fût, parceque, disoit-on (*Hérodote*, *liv.* 1 ), elle devoit être regardée bien moins comme la marque d'une volonté criminelle, que comme un effet de la foiblesse et de la fragilité humaine; mais on avoit égard encore, dans la condamnation du coupable, au bien qu'il pouvoit avoir fait, aux services qu'il pouvoit avoir rendus à l'état, et l'on croyoit juste de les mettre dans la balance avec ses fautes. Enfin la douceur des jugements étoit poussée si loin, dans certains cas, que les châtiments ne consistoient que dans un simple appareil

sur les fameuses républiques de la Grece, et sur ces florissantes colonies (1) qu'immortaliserent les travaux des plus grands législateurs. Ce n'est pas dans ces sources obscures que j'irai puiser les lumieres et les exemples imposants , qui seuls conviennent à mon sujet.

Une clarté plus sûre nous guideroit parmi les traces de la jurisprudence romaine, que le temps nous a conservées presque en entier, si la contradiction monstrueuse qui existe entre cette jurisprudence , au fond très cruelle (2) , et quelques loix particu-

---

et que les juges se contentoient de *faire sauter la coëffure pour la tête* , et au lieu de faire fustiger certains coupables, se bornoient à *faire fouetter leurs habits.* ( Voyez *Plut. OEuv. mél. pag.* 190, *in-folio.*

(1) Chez les anciens Marseillois, au rapport de Valere-Maxime, lib. II , cap. 6 ), le glaive qui étoit destiné à l'exécution des criminels, ne pouvoit plus servir à son usage , à cause de la rouille dont il étoit couvert. L'absence des crimes chez ce peuple sage n'avoit jamais fait sentir le besoin de renouveller cet instrument, à la fois nul et redoutable.

Crotone, Locres et Thurie , trois colonies de la grande Grece, avoient reçu leurs loix de Pithagore, de Zaleucus et de Charondas : chacun connoît la philosophie douce du fameux législateur de Crotone, et son aversion pour toute espece d'effusion de sang. Je dirai de Charondas et de Zaleucus , que la plupart des peines qu'ils statuerent, tenoient au déshonneur et à l'infamie. Si Zaleucus parvient à purger Locres des femmes de mauvaise vie, c'est en permettant à elles seules de porter des broderies et des ornements d'or. Charondas, avec la seule couronne de tamarin, extirpe de sa patrie le dangereux essaim de calomniateurs et de faussaires qui s'y étoit multiplié.

(2) Sans parler de la discipline militaire des Romains , qui

lieres qui lui furent associées (1) pendant les beaux jours de la république, ne nous arrêtoit à chaque pas, en nous exposant à ne produire que des faits isolés, sans pouvoir assigner de quelle cause ils furent la conséquence. En effet, nous voyons bien d'un côté les crimes devenir presque inouis dans Rome, et ces magnanimes vertus, dignes d'être offertes en modele à tous les siecles, y briller du plus vif éclat, sous le regne des loix conservatrices et tutélaires que le génie de la liberté avoit fait éclorre ; de ces loix (2) si douces et si indulgentes, qu'elles désar-

---

étoit d'une rigueur excessive, et de l'usage terrible que firent plus d'une fois les consuls de leur autorité sans bornes, leur jurisprudence proprement dite, étoit atroce. La plupart des dispositions de la loi des XII tables ont lieu d'étonner par leur sévérité, qui paroît se ressentir du pouvoir monstrueux dont elles étoient émanées. Des verges toujours teintes de sang, une hache sans cesse menaçante, la roche tarpéïenne, le supplice de la croix ; voilà le cercle de peines où se tenoit presque toujours renfermé le code rigoureux des décemvirs. Les loix *royales*, qui avoient été conservées, portoient à-peu-près le même caractere.

(1) C'est sans doute à ces loix particulieres que Tite-Live fait allusion, quand il affirme que nulle part les peines n'étoient autant modérées qu'à Rome, «in aliis gloriari licet, nulli gentium « mitiores placuisse pœnas» ( *Liv.* 1, 28 ) ; sans quoi il eût été facile de démentir cet éloge.

(2) Tout citoyen, jouissant par la loi *Valeria*, du droit d'appel au peuple, avoit aussi celui de prévenir son jugement par l'exil. A ce droit en étoit attaché un autre non moins précieux, c'est que nul citoyen ne pouvoit être retenu en prison s'il donnoit caution. Enfin, les loix *Porcia* et *Sempronia*, souvent violées et éludées, mais souvent invoquées et confirmées, avoient mis le sceau aux prérogatives du citoyen, en rendant sa personne inviolable. Tels

moient et enchaînoient la puissance judiciaire :
d'un autre côté, nous voyons bien Rome dégradée ,
corompue et souillée de crimes, après les avoir per-
dues , et les vertus de ses citoyens s'éclipser avec
leurs prérogatives (1). Ici nous découvrons bien une
cause , et là un effet ; mais ce qui nous est caché ,
c'est leur communication , leur dépendance réciproque : car je suis bien éloigné de penser que la
douceur des loix ait été la principale cause de l'aus-
tere pureté des mœurs romaines.

Renonçons donc au témoignage de tous les peuples
de l'antiquité, et nous renfermant dans notre siecle,
cherchons , au milieu des peuples modernes , quelques preuves décisives du triomphe du crime sur
une rigueur sans mesure. La nation qui m'environne
fixera mes premiers regards.

Qu'ont produit en France, ces horreurs de la
question appellée *préparatoire* , et les sanglantes
dispositions déployées contre les voleurs de grand

---

étoient les privileges qui servoient de contre-poids à la sévérité de
la jurisprudence; mais , pour le dire en passant, tel en étoit l'effet
sur les cœurs véritablement romains , que la peine de mort étoit
comptée pour rien à côté de la perte des droits de la patrie. Vivre
exilé hors du territoire de Rome, étoit pour eux un destin insupportable : aussi combien ne vit-on pas d'accusés hâter de leurs
propres mains l'arrêt de leur condamnation , et n'attendre ni
l'exil, ni la hache des licteurs.

(1) La censure fut abolie sans retour , précisément à l'époque
où les privileges du citoyen disparurent. Ce malheur fut à-peu-
près commun à toutes les bonnes loix.

chemin ? Le nombre de ceux-ci en a-t-il diminué ?
les routes en sont-elles devenues plus sûres ? Non :
un forfait a appellé un autre forfait ; au brigan-
dage s'est joint l'assassinat; et le souverain, convaincu
de la vérité de cette maxime de Beccaria, que « l'a-
« trocité de la peine fait qu'on ose davantage pour
« s'y soustraire, et qu'on commet plusieurs crimes,
« pour éviter la punition due à un seul (1) », a enfin
adouci le sort de cette espece de malfaiteurs que
la loi poursuivoit avec une rigueur implacable, et a
réduit à des cas très rares l'usage infâme de la tor-
ture. Et comme si la France étoit destinée à servir
d'exemple, à plus d'un égard, de l'impuissance
d'une législation atroce, qu'on observe que malgré
ses loix de sang, il n'y a pas de pays en Europe, où,
proportion gardée de la population, le glaive juridique immole plus de coupables.

Opposons à ce tableau celui du Dannemarck,
de la Suede et de plusieurs autres nations du Nord,
toutes distinguées par la modération de leurs loix
criminelles, et chez lesquelles rien n'est plus rare
que les supplices. Il est universellement connu
que, loin que la douceur pénale ait enhardi le
crime, chez ces nations heureuses, elles voient
beaucoup moins souvent que d'autres leur sein
désolé par les entreprises des scélerats.

Les loix de l'honneur, plus fortes que celles de
la nature, forçoient, ci-devant, en Prusse, des meres

______

(1) Des délits et des peines, sect. XVI.

barbares, d'étouffer les fruits d'un amour illégitime. La mort étoit le prix inévitable de ce forfait lorsqu'il étoit découvert ; mais elle n'en arrêtoit ni les progrès ni la contagion. Les échaffauds n'étoient arrosés que du sang des infanticides. Qu'est-il résulté de cette barbarie ? Le souverain la voyant inutile, s'est déterminé à y mettre fin. Il a cru convenable à l'intérêt de son peuple, autant que digne de sa sagesse, de sauver par une même loi, malgré les clameurs des dévots, et les meres coupables et leurs enfants infortunés (1).

La Toscane, cette contrée si célebre par la leçon d'humanité que vient de donner à tous les souverains, son souverain philosophe, et si heureuse par ce système de douceur et d'indulgence qui depuis quelques années anime sa législation, la Toscane n'a compté en 1782, sur une population d'onze cents mille ames, qu'un seul criminel digne de mort, en quatorze années (2). « En 1779, on

_______________

(1) L'adoucissement qu'un grand prince, célebre par son esprit de tolérance autant que par ses vues de réformation en plus d'un genre, a introduit dans les loix criminelles, en en effaçant la peine de mort, déja abolie dans ses tribunaux, et la restauration des droits de l'homme, opérée en Russie, par le code bienfaisant de *Catherine*, sont des événements dignes sans doute des plus grands éloges, et qui promettent pour l'avenir les plus heureux fruits ; mais ils sont de trop fraîche date, et leurs effets ne sont pas encore assez affermis pour être allégués en preuve à quiconque n'a pas eu intérêt de les observer de près.

(2) Annales politiques du dix-huitieme siecle, du 15 février 1782.

« avoit déja trouvé qu'au lieu de dix-sept hommes
« exécutés à mort en dix ans, il n'y en avoit eu, en
« treize ans, que deux, sur lesquels on en comptoit
« un d'étranger (1). »

Le despotisme otoman, malgré ses fureurs,
malgré le cordon de ses muets et son barbare supplice du pal, dépose encore contre l'inutilité des rigueurs outrées. En vain le glaive y est-il toujours
suspendu, en vain les cours du sérail y sont-elles
toujours jonchées de corps mutilés, et ses créneaux
hérissés de têtes coupées; on n'en voit pas moins
régner les mêmes crimes et les mêmes attentats
pour lesquels ses affreuses rigueurs sont déployées.

La jurisprudence criminelle des Chinois, avec ses
supplices et ses tourments prodigués pour les
moindres fautes, n'est pas parvenue encore à rendre
ce peuple moins fripon, moins vil, et moins digne
de châtiment. On a dit des Japonois (2), que leur
caractere bizarre et féroce, bravant tous les périls
et tous les malheurs, semble absoudre leur législateur. Méprise funeste, et qui pourroit servir à
justifier la tyrannie la plus exécrable! Que ne disoit-
on plutôt, que c'est la législation qui décide tôt ou
tard de la trempe générale des ames, et que le caractere bizarre et féroce d'un peuple n'est pas la
cause, mais le produit du caractere bizarre et féroce du législateur!

_______________

(1) Indicat. somm. des réglem. du grand duc de Toscane.
(2) Montesquieu, Espr. des loix, liv. VI, chap. 13.

Mais une objection formidable se fait entendre , et menace de renverser d'un seul mot les autels qu'au sein du bonheur de toutes les nations, j'élève à la douceur des peines. L'Angleterre, me dit-on , cette contrée où la sagesse et l'équité semblent s'être réunies pour épuiser leurs derniers efforts dans une législation admirable ; l'Angleterre a adopté la jurisprudence la plus douce qu'on connoisse, et cependant les délits y sont aussi nombreux que par-tout ailleurs ; cependant les prisons , les lieux d'exil et les gibets n'y regorgent pas moins de criminels.

Je réponds à cela, en premier lieu, que l'Angleterre peut être travaillée de différents maux, communs à tous les états brillants et dépravés, et que ces maux peuvent être des sources de crimes, très distinctes de la législation relative aux peines. Or, si je ne me trompe , ils ne sont pas bien difficiles à découvrir.

En second lieu, les loix angloises admettant la peine de mort, et écartant de cette peine toute peine accessoire, ont, par la simplicité même de cette disposition , ouvert une porte aux délits graves avec lesquels elles ont détruit toute espece de proportion. Car quelle proportion peut être conservée dans un systême judiciaire , qui décerne une peine toujours semblable et toujours uniforme à une foule de crimes dont la différence est variable à l'infini? N'est-il pas inévitable que, sous une pareille législation , le scélérat qui entend ses

véritables intérêts, ne se conduise d'après ce terrible mais concluant syllogisme : « Les loix sou-
« mettent à la même peine, deux crimes d'un degré
« différent d'énormité ; celui des deux qui est le
« plus atroce m'est évidemment le plus utile : donc
« je ne balancerai pas à commettre le plus atroce. »

En troisieme lieu, quelque douce et modérée
que soit la jurisprudence angloise, elle acquiert
tous les inconvénients des jurisprudences cruelles,
par l'usage où l'on est en Angleterre d'accumu-
ler les exécutions et de les renvoyer toutes à une
certaine époque périodique. Avec quelle surprise
et quel scandale ne voit-on pas les grandes sessions
de *l'Old Baylei* se terminer ordinairement par une
trentaine de meurtres juridiques, dont le spectacle
est plus propre à endurcir le peuple qu'à l'émouvoir? Chacun sait jusqu'à quel point de fermeté ou
plutôt d'impudence, les criminels animés par
une populace exaltée qui les applaudit et les encou-
rage, soutiennent leur tragique rôle jusqu'au dé-
nouement fatal. Chaque patient s'étudie à surpasser
en courage et en héroïsme celui qui l'a précédé ;
et tel spectateur rentre chez lui bien résolu, s'il
se trouve jamais dans le même cas, de renchérir
encore sur le plus intrépide. D'après cet usage,
faut-il s'étonner que, d'une session à l'autre, le
nombre des condamnés augmente plutôt que de
diminuer? Non, sans doute. Mais ce qui doit surprendre, c'est que les politiques de ce pays-là ne
cessent d'en accuser l'excessive dépravation, dont,

disent-ils , les dernieres classes du peuple sont infectées.

Enfin , la législation angloise offre, dans son ex-
cellence et sa perfection mêmes, de quoi rendre
raison de la multitude des délits qu'elle ne peut
prévenir. A force de vouloir défendre et protéger
l'accusé , elle a outré de beaucoup les précautions.
Pour trop assujettir les tribunaux à des formes
strictes et littérales , elle lie souvent les mains aux
juges dans la poursuite des crimes. Le bouclier de
l'innocence , est devenu aussi celui de l'impunité.
Un grand nombre de coupables échappe, et leur
dangereux triomphe est le prix d'un misérable sophisme adroitement tissu, et quelque fois d'un jeu
de mots plus misérable encore (1). Que l'Angleterre
donne à ses tribunaux plus d'énergie et à sa police
plus de vigilance ; qu'elle abolisse son barbare usage
d'entasser ses criminels et de les envoyer au supplice
par troupeaux ; qu'elle trouve le moyen de rendre
son système pénal plus divisible et mieux gradué :
alors elle pourra espérer de recueillir, autant que

______________

(1) Si les deux exemples suivants, et que je ne fais que trans-
crire, ne sont pas des fables, il faut convenir que la législation qui
les fournit, s'expose à un mépris, et se couvre d'un ridicule qu'elle
ne peut trop se hâter d'effacer.

« Un homme cité en justice pour avoir épousé trois femmes,
« alloit être condamné, en vertu de la loix contre les bigames ,
« lorsque son avocat soutint que la loi contre ceux qui avoient
« épousé deux femmes, étoit sans effet contre ceux qui en avoient

le permet son état moral, les fruits d'une administration éclairée, amie de l'humanité, et véritablement digne de l'admiration universelle qu'elle excite.

Je ne pousse pas plus loin mes citations; et pourquoi m'arrêter de préférence à tel ou tel peuple, tandis qu'il n'est aucune législation connue, dont l'influence bien observée, ne fournisse en ma faveur les résultats les plus concluants; tandis que, partout et sans exception, la marche des peines et celle des délits subissent la même loi, les mêmes altérations, et correspondent avec le plus intime rapport? Cet ordre, qui est inaltérable, parcequ'il dérive, non du hasard et du caprice des hommes, mais de la nature immuable des choses, a peut-être servi, par la constance à laquelle il a été assujetti, à égarer la plupart des législateurs. Attentifs aux seuls faits et les confondant avec les principes, ils ont remarqué qu'en tout temps les peines rigoureuses ont marché de front avec les grands désordres, et les peines modérées avec les bonnes mœurs. Ils ont

---

« épousé trois. On eut égard à cette observation, et l'accusé fut « renvoyé absous. » ( *Histoire des tribun. par Desessarts.* )

« Un Anglois ayant coupé le nez à un de ses ennemis, fut pour- « suivi en justice. Mais la loi ne parloit pas du cas, et ne s'éten- « doit que sur la mutilation des membres : or, ce coupable sou- « tenoit que le nez n'étoit pas un membre. Avant de le punir, le « parlement mit le nez au rang des membres, par un bill fort « extraordinaire. » ( *Muralt. Lett. sur les Ang. et les Franç.* et *Théorie des loix crim. par Brissot, tom. I, pag.* 126.

pris l'effet pour la cause et la maladie pour le remede. Telle a sans doute été la source de leur erreur.

Avouons encore que ce qui contribue à la maintenir, c'est la commodité qu'on trouve à faire usage d'un code cruel, pourvu qu'on parvienne à environner son cœur d'un airain impénétrable. Quoi de plus commode, en effet, que de n'être point arrêté par ces considérations embarassantes d'humanité et de pitié? Comme l'administration de la justice est prompte et facile là où l'on ne marchande pas les supplices, y a-t-il rien de plus simple et de plus expéditif que de faire, d'un seul trait de plume, disparoître un homme? Cela s'acheve dans un instant, et ne laisse pas après soi de ces traces importunes qui soulevent les cœurs compatissants ou qui ébranlent les fibres délicates. Mais une administration douce, bienfaisante et tutélaire, est difficile et compliquée. Elle soumet à des travaux lents, elle exige des détails minutieux, consume beaucoup de temps et tient toujours en haleine. Or, chacun sait fort bien qu'on n'aspire pas à l'honneur vénal de juger des hommes, pour n'y trouver qu'une carriere pénible et dégoûtante, et pour passer sa vie à lutter contre les difficultés.

Revenons. J'ai voulu combattre l'inutilité et le danger des rigueurs pénales, et joindre au raisonnement l'évidence des faits. Je pourrois ajouter.....
Mais je m'arrête, saisi d'admiration et de respect, à l'ombre de l'auguste autorité du prince qui vient

de donner à la fois l'exemple et le précepte, dans les vérités dont j'ai embrassé la défense. Cette autorité n'est point celle d'un politique qui, sur de foibles apperçus, éleveroit en tâtonnant, une théorie incertaine ; elle n'est pas non plus celle d'un philosophe, qui, dans ses rêves sur le bien public, seroit accoutumé à prendre pour ce bien même, l'ardeur de ses vœux et l'illusion de ses desirs. Mais c'est celle d'un souverain, qui dévoile à l'univers les doux secrets de son cœur et la récompense de ses heureux travaux, en annonçant à la tête d'un édit solemnel, *qu'il a enfin reconnu que la douceur des peines, au lieu d'accroître le nombre des délits, l'a considérablement diminué et a rendu presque inouis les plus atroces* (1). Ô grand Léopold, tendre pere de l'heureuse Toscane ! puisse-tu long-temps recueillir dans les bénédictions de ton peuple, le digne prix de ton céleste ouvrage ! puisse un soufle de ta grande ame pénétrer dans celles des autres souverains, et ton exemple, en décillant leurs yeux, hâter l'époque où chez les autres peuples on ne se bornera plus à discourir sur la justice et sur l'humanité, dans les livres et dans les académies ; mais où l'on en pratiquera les leçons et l'on en remplira les devoirs dans les tribunaux et dans les conseils !

Après avoir considéré l'influence de la sévérité

_______________

(1) Edit du grand duc. — Nov. 1786, pag. 1.

des peines, d'une maniere générale et commune à tous les peuples, il est temps de la considérer sous le point de vue relatif à la classe particuliere des peuples corrompus.

## SECONDE PARTIE.

Montesquieu, à qui l'on a reproché de confondre souvent le droit avec le fait, et d'établir quelquefois ses regles sur ce qui existe et non sur ce qui doit exister, Montesquieu prétend (1) que la sévérité des peines convient mieux au gouvernement despotique qu'aux gouvernements modérés. Cela peut être vrai, si on admet que le principe du despotisme est la crainte, et que celle-ci ne s'affoiblit point à mesure qu'elle est excitée. Mais si nous considérons que le principe, disons mieux, que la maladie inhérente au gouvernement despotique, est la corruption des mœurs, il nous sera permis d'appeller de la décision de cet écrivain célebre, et d'avancer que les peines douces conviennent mieux que les cruelles à une nation esclave, par cela seul qu'une telle nation est nécessairement corrompue.

Ce principe particulier découle de cette proposition générale, que la douceur des peines, nécessaire dans tous les cas, doit sur-tout s'allier avec la

______

(1) Esprit des loix, liv. VI, chap. 9.

dépravation des mœurs. Vérité grande, neuve, singu-
lierement intéressante dans l'état moral des peuples
modernes , et dont le développement achevera de
fixer l'opinion que nous devons avoir de la vraie
influence des peines sur les crimes.

La variété des opinions provient, en général,
bien moins de la différence dans la maniere de voir les
objets que dans celle de les énoncer. Ce qui fait que les
vérités, dans les sciences exactes, sont promptement
consenties et approuvées de tout le monde, c'est
qu'elles ont pour l'être, une mesure commune qui ne
varie pas et sur laquelle tous les hommes sont d'ac-
cord. Cette mesure est la définition. Ce qui fait que les
vérités enseignées par la philosophie, par la morale et
par la politique, sont si différemment conçues, si souvent contestées, et qu'il y a, pour ainsi dire, presque
autant d'opinions que de têtes ; c'est qu'elles manquent de cette mesure commune, et que chacun ne
cesse de disputer sur celle qu'il prétend leur donner.

J'observe, par exemple, qu'une des erreurs fa-
milieres à la plupart de ceux qui s'occupent de la
législation , est de confondre toutes les maladies
et les altérations qui surviennent au corps politique;
de ne point distinguer l'état d'un peuple agité par
des passions énergiques, d'avec celui d'un peuple
mollement et lâchement dépravé; d'appeller même
corrompue, une nation chez laquelle une crise
violente ou une révolution subite auront entiere-
ment brisé le joug des loix, et donné lieu, dans ce
bouleversement, à une foule d'attentats horribles.

D

Il est essentiel de se prémunir contre de pareilles méprises , qui ne peuvent manquer d'en entraîner de très dangereuses dans la pratique. Une connoissance qui doit donc précéder les premiers pas à faire dans l'étude de la législation , est celle des différences qui existent entre la constitution d'un peuple neuf, grossier et sauvage, et celle d'une société douce , civilisée et polie ; entre la farouche rudesse d'un peuple sur lequel le joug des loix n'a imprimé qu'une légere courbure , et la docilité flexible d'une nation accoutumée à être gouvernée et à obéir. Le premier est le lion féroce dont parle Beccaria, «qu'on ne peut abattre que par un coup de « tonnerre, et que le coup de fusil ne fait qu'ir-« riter (1) ».

Il n'importe pas moins ensuite de distinguer avec soin les agitations d'un peuple mécontent, la fievre chaude du fanatisme, et généralement toutes les passions qui s'allument au feu des guerres civiles , ou à celui du désespoir , quelque terrible qu'en soit l'explosion, d'avec la dépravation publique, graduée et profonde des mœurs. Le poids d'une autorité exercée sans modération et sans justice , devenu insupportable ; les atteintes portées, par un chef imprudent , à des coutumes chéries ou vénérées ; la persécution et l'intolérance religieuse : en voilà souvent plus qu'il n'en faut pour faire éclater le feu qui couve sous la cendre , et pour

_________________________

(1) Traité des délits et des peines, sect. XVI.

armer contre la société des troupeaux entiers d'hommes changés en bêtes féroces. Tels furent les *Camisards*, au commencement de ce siecle : tels ont été de nos jours les *Corses* et les *Valaques*. Princes sages et justes, gardez-vous, dans ces cas, de crier au débordement des crimes et à la corruption des mœurs ! Gardez-vous encore plus de vouloir étouffer dans les supplices et dans le sang ces convulsions extraordinaires, qui n'ont rien de commun avec les machinations perverses du méchant, au sein d'une administration paisible.

En général, les actions criminelles, chez une nation neuve et livrée à sa grossiere énergie, se changent aisément en atrocités. On peut dire qu'une pareille nation commence la chaîne immense de l'état civil, et que la nation dépravée la finit. C'est en comparant entr'eux ces deux extrêmes, qu'on parvient à démêler les vrais signes qui les distinguent. Essayons d'indiquer ceux auxquels on ne peut méconnoître la dépravation publique, avant de déterminer quel doit être, à son égard, le caractere des loix pénales.

Une nation est corrompue, lorsqu'une extrême inégalité dans les fortunes et les conditions, y offre le spectacle de la plus déplorable misere à côté de l'opulence la plus fastueuse. Cette inégalité, signe infaillible d'un mauvais gouvernement, est mere et fille de tous les désordres. C'est, au contraire, dans l'égalité qu'est le principe des mœurs publiques: elles ont été toujours plus sai-

nes dans les états libres que dans les autres, paroe-
que ce sont ceux où il y a le plus d'égalité.

Une nation est corrompue, lorsque les hommes,
placés déja bien loin de la simplicité prescrite par
la nature , se sont forgés une foule de besoins
factices , et ont étendu ces besoins de maniere
qu'ils dépendent, par des fils innombrables, non
seulement des choses, mais encore de l'opinion.

De la multiplicité des besoins naissent les fantaisies, les caprices, et l'inépuisable varieté des desirs
et des goûts. Pour les contenter, il a fallu perfec-
tionner les arts , en inventer , et chercher , en un
mot, autant de combinaisons de satisfaire les goûts ,
que ceux-ci recevoient de modifications différentes.
Une disposition vive et continuelle à préférer l'a-
gréable à l'utile, à traiter les choses les plus sérieuses
avec légereté et à se passionner pour des bagatelles,
est encore un signe caractéristique de la dépravation générale des mœurs.

L'empire de l'opinion étant établi , il suit qu'on
doit plus s'efforcer d'être aimé que d'être bon , et
d'être considéré que d'avoir du mérite. On aura
l'apparence des vertus à la place des vertus mêmes ;
au lieu de réformer les mœurs, on adoucira les ma-
nieres. Mais l'art de se rendre l'opinion des hommes
favorable , est la politesse, et celui de se farder par
de beaux dehors, est la dissimulation: une nation
corrompue est donc aussi polie et dissimulée.

Comme l'action réciproque des hommes dans la
société est bien plus active et plus puissante , lors-

qu'ils sont rapprochés les uns des autres et qu'ils se touchent presque, que lorsqu'ils sont épars et semés également sur une grande surface; il résulte qu'un entassement considérable de population dans les grandes villes, est le ferment le plus propre à accélérer la dépravation sociale. Son foyer impur sera dans les lieux où il y aura le plus d'hommes amoncelés, comme celui d'une contagion ou d'un incendie est là où ils trouvent le plus d'aliment. Toute nation fameuse par ses cités peuplées et par ses immenses capitales, tient donc, à coup sûr, le premier rang parmi les nations corrompues.

Une nation est encore corrompue, lorsque, rassasiée de jouissances et blasée sur les efforts en tout genre des artistes et des gens de lettres pour l'amuser, elle ne peut réveiller sa languissante satiété qu'à l'aide de stimulants nouveaux, qui bientôt émoussés eux-mêmes, en appellent d'autres à leur place. Alors, l'arme du ridicule, cette arme plus terrible que le cri du Macassarois et que la fleche empoisonnée du Canadien, sort de son fourreau et frappe la vénérable simplicité des mœurs antiques. L'attachement aux usages hérédi-taires devient, sous le nom de préjugé, un objet perpétuel de dérision. On trouve plaisant, soit dans la société, soit au théâtre, de s'égayer aux dépens de l'amitié, de la candeur, de la foi con-jugale, des loix de l'honneur, de la sainteté du ser-ment et de tous les liens sociaux. Alors les opinions religieuses subissent le sort des autres opinions respectables. Frappée à la fois et par la hache des philosophes et par la contemption des gens du monde, la religion tombe ou fuit méprisée, et avec elle périssent l'espoir du juste et le frein du méchant.

L'impiété et l'irréligion enfantent l'égoïsme. Une nation est enfin corrompue ( et ce dernier caractere peut servir de mesure au progrès de tous les autres ), lorsque les ames cessent de s'y nourrir de l'affection commune, se resserrent et se concentrent dans l'amour propre, dans l'amour du moi personnel ; lorsqu'elles deviennent indifférentes pour le bien public, et que chacun préfere son intérêt particulier à celui de la patrie. Dites-moi à quel degré de force cette disposition est parvenue chez un peuple, et je vous dirai dans quel état s'y trouvent les mœurs.

C'est, si je ne me trompe, aux signes généraux que je viens d'indiquer, et qui presque toujours se trouvent réunis, que se rapportent tous les signes particuliers qui annoncent une nation dépravée. Maintenant que nous nous sommes formé des notions précises sur son véritable état, il me reste à présenter quelques conséquences qu'on peut en tirer, relativement aux dispositions douces ou séveres de la jurisprudence criminelle qui lui convient.

En premier lieu, j'observe que chez une nation semblable à celle que je viens de dépeindre, les crimes énormes doivent être rares, parceque les ames flétries et desséchées, y languissent dans un état de foiblesse et de rappetissement, incompatible avec l'audacieuse, atroce et intrépide scélératesse (1). En revanche, les délits d'un ordre inférieur y seront d'une fréquence extrême ; presque toutes les actions en seront infectées ; les atteintes portées à la propriété et les trames innombrables de la mauvaise foi, y tiendront sans cesse en haleine la vigilance des tribunaux. De cette observation découle la premiere conséquence que j'ai à tirer de l'état d'une nation corrompue et qui est une conséquence de fait ; c'est que les peines y doivent porter le même caractere que les crimes. Pourquoi y seroient-elles atroces, quand il est prouvé que les crimes ne le sont pas (2) ?

---

(1) Ou s'il s'en commet de tels, ils y portent presque toujours l'empreinte de la lâcheté ; c'est dans les ténebres qu'ils s'exécutent ; c'est avec les précautions les plus secretes et les plus rafinées de la peur qu'ils sont préparés. « Abjects en toutes choses, « et bassement méchants, ils ne sont que vains, frippons, faux ; « ils n'ont pas même assez de courage pour être d'illustres scélé-« rats. » ( *Emile, liv. IV.* )

(2) Que si l'on m'oppose l'exemple particulier des meurtres en guet-à-pens, si familiers aux Italiens, peuple assurément des plus corrompus, et celui des empoisonnements, si communs chez les gens comme il faut de quelques autres nations non moins corrompues, en me faisant observer que ces crimes, pour n'être pas des attentats hardis et intrépides, n'en sont pas moins de la derniere atrocité ; je ferai remarquer à mon tour que la fréquence de ces crimes, très énormes sans doute, tient beaucoup moins à

Comme un corps , à mesure qu'il a plus d'étendue et de surface , offre un plus grand nombre de
points de contact et de côtés par lesquels on peut
le heurter ou le saisir ; de même , à mesure que
l'homme multiplie ses besoins et ses relations, que
les liens qu'il se forge l'attachent à la place qu'il
occupe, et que ses jouissances, vraies ou chimériques,
étendent son existence au dehors , il est évident
qu'il s'affoiblit , qu'il se raréfie , oserois - je dire
davantage , et qu'il présente plus de moyens d'être
atteint et endommagé. Or , la multiplicité des besoins, des liens et des relations , étant, comme
nous l'avons vu , étroitement unie à la dépravation
des mœurs, il suit ( est c'est la deuxieme conséquence
que j'en tire pour mon sujet ) , qu'il est de l'essence
de cette dépravation de donner une forte prise sur
elle-même , et de fournir au législateur d'abondan-
tes ressources pour punir efficacement les coupables , sans verser toujours leur sang et sans s'achar-
ner sur eux avec cruauté.

Parmi ces ressources , j'en apperçois deux très
puissantes , savoir , la fortune et l'opinion.

L'opinion étend un empire absolu et universel
chez un peuple qui a perdu ses mœurs : il en est en-

---

la corruption des mœurs des peuples dont on parle , qu'à l'activité de diverses autres causes extraordinaires et qui leur sont particulieres. Ces causes sont évidemment, en Italie, le déni de justice, qui ouvre un champ vaste aux vengeances particulieres, et
le droit d'asyle qui en assure l'impunité. A l'égard des forfaits
des grands et des riches, trop communs chez les autres nations ,

chaîné de toutes parts. Honneurs, vertu, plaisirs, tout est dans l'opinion. Qu'il est facile, contre des hommes ainsi subjugués, de tirer parti du joug même qui les asservit ! Quel vaste champ l'opinion n'ouvre-t-elle pas, pour composer à leur égard un ordre inépuisable de peines modérées ! Si à *Pekin* et à *Tedo*, cent coups de bâton appliqués sur le dos d'un personnage qualifié, ne diminuent rien de sa dignité et de sa grandeur; dans d'autres pays, un seul regard de disgrace lancé par le monarque sur le courtisan, suffit pour l'écraser et l'anéantir ; il y en a même où les peines avilissantes acquièrent un degré d'intensité inconnu à d'autres peuples, où l'opprobre est une tache si grande, qu'elle va rejaillir sur la famille de celui qui s'en est souillé, et où l'aveugle et injuste opinion enveloppe indistinctement dans ses jugements redoutables, l'innocent et le criminel, l'homme vertueux et l'homme vil, parceque les liens du sang les ont unis par hasard.

A dieu ne plaise que je veuille justifier la barbarie absurde de ce préjugé, et atténuer la juste horreur qu'elle inspire ! Loin de moi l'idée de consacrer la moindre injustice, fût-elle utile à la société !

---

ils n'ont d'autre source que la certitude d'échapper à la peine, et de faire taire la justice à prix d'argent ou par la faveur, à moins que le cri public ne désigne trop clairement le coupable. Ces exemples et d'autres pareils, ne détruisent donc point ma regle générale, et je ne prétends pas d'ailleurs qu'elle soit sans exception.

En parlant des écarts où peut conduire la voix d'un honneur faux et mal entendu, je prétends seulement avertir que quelquefois, chez les peuples vicieux, les délits peuvent être réprimés par son tyrannique empire, aussi facilement que les belles actions peuvent être excitées chez les peuples vertueux, par la voix du véritable honneur. Peuples vicieux, faites donc usage des peines infamantes !

Le ridicule, arme favorite des hommes gouvernés par l'opinion, frappe-t-il tout ce qui lui prête le flanc ; saisissez-le avec courage et servez-vous-en pour combattre le méchant et le couvrir de honte. Des frippons et des faussaires promenés dans la ville, couronnés de bruyere et dans une posture humiliante ; des courtisannes étalées en public avec les ornements du luxe le plus recherché ; des hommes débauchés et crapuleux en habits de femme : voilà quelques exemples de la maniere dont on peut, dans plusieurs cas, suppléer par le ridicule, aux peines corporelles et à la rigueur des tourments. Des habitants de *Clazomene* étant à Lacédémone, eurent l'insolence de couvrir de boue et d'ordures la chaire des Ephores. Ce délit trouva sa peine dans le ridicule. Le lendemain il fut permis, par un arrêt, aux habitants de Clazomene d'être des vilains (1).

_______________________________________

(1) Plutarque raconte ( dans les vertueux faits des femmes ) que les filles de Milet, poussées par la plus étrange manie, se donnoient la mort avec un acharnement et une fureur qu'il étoit impossible de réprimer. Un homme sage fit, avec la seule opinion ,

Mais une ressource plus fertile encore, c'est les richesses. L'effet du luxe étant d'irriter les desirs et de changer en besoins toutes les fantaisies, ce qu'il y a de plus précieux, aux yeux des hommes corrompus, est la faculté de se procurer des jouissances qu'ils chérissent à l'égal de leur vie, et sans lesquelles celle-ci n'est plus qu'un tissu de miseres et d'ennui. Or, cette faculté réside exclusivement dans les richesses. Attaquez donc un homme corrompu, dans ses biens, dans ses commodités, dans sa mollesse, dans ses délices, et vous aurez sur lui une prise étonnante que n'offre pas l'homme simple, dont les besoins sont aussi bornés que les desirs, et qui peut s'écrier avec Cicéron : » O fortune, » je me suis rendu maître de toi, et j'ai bouché tous » les passages par lesquels tu pouvois m'attein-» dre ! (1) » Un *Apicius* et un *Petrone* ne sauroient être éprouvés, punis et endommagés de la même

---

ce que ni les loix, ni les menaces des parents n'avoient pu faire. Il engagea le conseil à ordonner que toute fille qui seroit trouvée penduc, seroit exposée nue au milieu de la place publique. Dès-lors aucune Milésienne ne fut tentée de se donner la mort. Mais, je l'avoue, ce trait est étranger à mon sujet, et n'appartient qu'à l'histoire de la pudeur et de la vertu. Ce seroit outrager le véritable honneur, que de vouloir en accommoder les loix à l'usage d'une nation corrompue; et je laisse à penser si l'expédient qui fut imaginé par le sage de Milet, auroit beaucoup de succès dans nos villes, même pour réprimer tout autre délire des femmes que celui de se tuer.

(1) Cic. Tuscul. V.

maniere qu'un *Fabricius* ou un *Epaminondas.* « Il
» est trop aisé , peut-être , a dit un historien céle-
» bre, de n'affronter que la mort; aux nations cor-
» rompues par l'opulence, est réservée une épreuve
» plus difficile , celle de la perte de leurs plai-
» sirs (1). »

Lorsque peu de temps avant sa ruine, Athenes
fit la loi qui défendoit, sous peine de mort, de dé-
tourner pour les besoins publics les sommes desti-
nées à l'entretien du théâtre ; lorsque les Sybarites,
les Campaniens , les Chypriens nageoient dans les
délices, et que les Tarentins ne pouvoient plus sup-
porter le poids de leurs armes et la discipline de
Pyrrhus, pense-t-on qu'il eût été facile d'imaginer
pour ces peuples une épreuve plus rigoureuse que
la perte de leurs superfluités? Soumettre tout d'un
coup à une vie dure et grossiere celui qui n'a connu
que les délices et la volupté , n'est-ce pas même
miner son existence, comme c'étoit détruire celle
d'un Spartiate ou d'un Romain que d'attaquer leur
patrie , qui en étoit l'ame ?

Lorsque Rome avilie, n'eut plus autre chose à demander à ses maîtres que du *pain et des histrions* ,
l'exil, qui étoit autrefois une peine insupportable ,
ne fut plus regardé que comme un asyle ouvert au
crime, et comme un port où le coupable étoit à l'a-
bri du naufrage (2). Mais lorsqu'il fut accompagné

_______________

(1) Rayn. Hist. phil. et polit. tom. IX.

(2) « Exilium non supplicium est , sed perfugium portusque

de la confiscation des biens, il redevint ce qu'il avoit été pendant les beaux jours de la république, le plus rigoureux des supplices. La crainte de le subir fut un si grand frein, qu'on vit des coupables se donner la mort avant le jugement, afin de laisser à leurs familles la faculté d'hériter de leurs biens, lesquels eussent été confisqués sans cette précaution, dont Tacite appelle le succès, *pretium festinandi. Licinius Crassus,* prêt à être banni par Cicéron, s'étouffe avec une serviette, et ne peut pas plus survivre à la perte de ses richesses, que Caton avant lui à celle de la liberté.

Chez un peuple subjugué par l'amour des richesses, la privation des biens par des amendes pécuniaires, est tout ensemble une barriere puissante et une punition redoutable. Chez un peuple esclave de ses plaisirs et amolli par les délices, vous produirez un effet non moins salutaire, par la détention dans un lieu où un travail assidu remplacera ces mêmes plaisirs, ou bien par la déportation dans un pays rude et sauvage. Voyez combien Cicéron lui-même, Cicéron le sauveur de sa patrie, et malgré la philosophie dont il s'est nourri, supporte impatiemment loin de Rome et de César sa terrassante disgrace. Voyez avec quelle amertume le voluptueux Ovide déplore son abandon dans l'âpre région des Scythes où Auguste l'a relégué.

---

« supplicii. — Nam qui volunt aliquam pœnam subterfugere
« aut calamitatem, eò solùm vertunt et confugiunt, quasi ad
« aram, in exilium. » (*Cic. pro Cæcin.*)

Ne craignez point d'user les ressorts doux et liants que la corruption met en vos mains, comme vous auriez raison de le craindre des peines rigoureuses. En général, la sensibilité au plaisir rétrograde difficilement, et dans une ame dépravée, elle est telle qu'elle ne pourroit s'affoiblir qu'avec la corruption elle-même : plus celle-ci est profonde et invétérée, et plus le cœur enchérit les instruments et les objets. Plus une main ennemie s'efforce de les lui arracher, et moins il consent à s'en séparer. Eh ! plût à dieu que l'usage fréquent des peines tirées de l'opinion ou de la perte des richesses, rendît indifférente la possession de toutes ces choses vaines ! On auroit enfin trouvé le remede dans le mal même : les mœurs renaîtroient des vices ; et c'est à la douceur des peines qu'on auroit l'obligation de voir s'opérer ce prodige (1).

----

(1) Ne dissimulons pas les objections. « Conseils impraticables, s'écrie-t-on, ou du moins ressources absolument vaines « dans un très grand nombre de cas. On peut réduire au désespoir l'opulent et le voluptueux, en leur ôtant leurs richesses : « mais comment attaquer par des privations des malheureux « dénués de tout ? On punira peut-être par l'opinion une poignée « d'hommes qui dépendent d'elle : mais comment aurez-vous « cette prise sur cette multitude occupée à obéir aux loix de la « faim, plus pressantes que celles de l'honneur, sur ces misérables que leur abjection met hors de la sphere du ridicule, et « qui se traînent au-dessous même du mépris ? »

J'avoue franchement que je ne sais point de réponse solide à cette question, ni de solution satisfaisante à la difficulté qu'elle

La troisieme conséquence à laquelle me conduit la recherche des vrais caracteres de la dépravation publique , m'est fournie par cette observation importante ; c'est que l'altération des mœurs , en perfectionnant la politesse , donne à la sensibilité physique et morale , une délicatesse exquise, qui rend l'homme qui en est doué , susceptible d'être fortement affecté par des sensations foibles ou mé-

---

m'oppose. Mais que pourroit-on conclure de cet aveu contre mon système ? Est - ce ma faute si la dépravation publique n'admet point de tempéraments ou de palliatifs sans inconvénient ou sans danger ? est-ce ma faute si une législation parfaitement équitable, ne peut être adaptée à une nation gangrénée de vices ? Cependant voici ma réponse : Quand ma méthode de combattre le crime avec les armes de la corruption, ne conviendroit qu'à l'égard du coupable riche et distingué, compteroit-on pour rien d'avoir su trouver, pour le punir, un moyen à la fois doux et terrible? Et quant au pauvre, je n'ai qu'un mot à dire en sa faveur. Si l'état d'abaissement dans lequel il languit, sans honneur et sans courage , est l'ouvrage des institutions sociales ; si c'est par elles que tout sentiment de vertu, de noblesse, j'ajouterai même de vanité, s'éteint dans son cœur flétri; si c'est enfin par elles que sa misere lui est insupportable, de quel droit se montreroit - on sévere contre lui seul, et songeroit-on à composer pour lui un code particulier ?

Mais je dis plus; dût-il résulter dans leur application une différence énorme des loix pénales que je propose , cette différence ne sauroit exister qu'en faveur du pauvre, et cela en vertu de la regle qui détermine la gravité du crime sur l'intention et la volonté. N'est-il pas démontré qu'à fautes égales, le pauvre est infiniment moins coupable que le riche? L'un transgresse la loi par force, et

diocres(1). D'où je conclus, qu'il est autant absurde et inutile de donner une jurisprudence atroce à un peuple corrompu , qu'il seroit absurde et inutile de se servir d'un moteur plus fort, à mesure que la pesanteur du corps qu'on veut remuer, diminue. Cette conséquence est exprimée d'une maniere heureuse autant qu'énergique, par le philosophe que je ne me lasse point de citer, et dont le livre bienfaisant est un de ceux où l'humanité a vu le mieux défendre ses privileges. « A mesure , dit Beccaria , « que les ames s'amollissent dans la société, la sen- « sibilité de chaque individu augmente , et son ac- « croissement demande qu'on diminue la rigueur « des peines, si l'on veut conserver les mêmes rap- « ports entre l'objet et la sensation (2). » Je passe à ma derniere conséquence.

La simple exposition des signes que jai tracés de la corruption d'un peuple, suffit pour convaincre que celle-ci n'est point l'effet d'un concours fortuit

---

l'autre par réflexion et par choix ; l'un vole poussé par le besoin et par la faim , et l'autre par sa propre perversité.

(1) Cette vérité n'a pas échappé à l'illustre législateur de la Toscane, qui ne l'a pas méditée sans fruit. Ces mots remarquables : *Avendola ben presto riconosciuta troppo severa — è specialmente non adattata al dolce e mansueto carattere della nazione,* qu'on lit dans le préambule du code de 1786, au sujet de l'ancienne législation , attestent que l'observation sur laquelle je m'appuie ici , a été un des motifs qui ont accéléré la réforme des loix criminelles en Toscane.

(2) Des dél. et des peines, sect. XVI.

de circonstances ; mais qu'elle a une ou plusieurs causes bien clairement déterminées. Quels qu'en soient le nombre, la nature et la diversité, elles vont toutes aboutir à une cause unique et originelle, qui est le vice des institutions politiques et des principes législatifs.

C'est donc bien moins au penchant naturel des hommes à devenir méchants, qu'à une législation déréglée qu'il faut rapporter la dépravation dans laquelle ils croupissent. C'est bien moins à la prétendue tendance à dégénérer, dont les corrupteurs des loix et des mœurs ne manquent pas de s'envelopper dans leurs opérations insidieuses, qu'à la pression d'un gouvernement inique et pervers, qu'il faut attribuer les habitudes d'un peuple avili. Il est autant de l'essence d'une législation de produire des résultats analogues aux impulsions qu'elle communique, qu'il est de l'essence de toute cause d'avoir son effet, et de toutes les eaux courantes de se rendre à la mer.

Or, si nous considérons avec attention un peuple dépravé, il n'y a presque aucune de ses institutions, ou pour mieux dire, de ses plaies politiques, que nous ne voyions devenir une source féconde de crimes.

Source de crimes dans les maximes et la conduite de ceux qui composent les premieres classes de la société, et qui gouvernent les autres classes. C'est l'orgueil et la dureté des riches, c'est le mépris dont le puissant couvre le foible, qui accou-

E

tument le peuple à se regarder comme un troupeau de bêtes de somme, uniquement destiné à l'usage de ses maîtres. Quelle vertu peut-on attendre d'hommes ainsi dégradés, ou plutôt quels excès l'ordre social n'a-t-il pas à redouter ? Mais que sera-ce lorsque l'administration, profondément corrompue elle-même, infectera les mœurs publiques de ses noirs poisons ; lorsque l'on verra la tentation de devenir faux, ravisseur et frippon, renforcée par l'exemple de toutes sortes d'injustices, offert sans cesse par une foule de tyrans subalternes, que cette administration aura tolérés, ou peut-être autorisés ? A-t-on droit d'exiger que, placé au centre des rapines et des brigandages dont il est témoin et victime, le peuple conserve une idée saine du juste et de l'injuste, de ses devoirs envers la société, et de l'influence de l'ordre public sur son bonheur ? A quel titre veut-on lui faire aimer et respecter les loix établies, quand il voit qu'elles n'existent que pour protéger le grand contre le petit, et celui qui regorge de richesses, contre celui qui n'a rien ? Parlerai-je de la partialité qui caractérise alors la plupart des actes juridiques, et du silence des loix, lorsqu'elles sont réclamées par le pauvre et le foible ? Il suffit de désigner ce dernier période de la dépravation légale qui accompagne toujours la subversion des mœurs, pour faire comprendre avec quelle facilité la main de l'opprimé qu'on oublie, est poussée au crime par le désespoir, et jusqu'à quel point il est permis à tout homme de se faire justice à

soi-même , dès que la société refuse ou néglige de
le venger.

Source de crimes dans le luxe, dans ce fléau ,
présent funeste d'une mauvaise législation , dont les
maux ne sont compensés par aucun avantage, et qui ,
quoi qu'en puissent dire nos politiques , est le plus
faux des moyens pour faire circuler dans les classes in-
digentes les richesses trop inégales. Le luxe n'en-
graisse que les fainéants : il n'enrichit que les hommes
qui s'occupent de niaiseries, ou qui excellent dans
les arts frivoles. Toujours il va du riche à l'artiste et
de l'artiste au riche ; voilà sa marche constante, voilà
sa correspondance unique ; il ne peut plus sortir de
ce cercle vicieux. Mais son influence est entiere-
ment nulle sur les habitants de la campagne ; ou
si elle s'y déploie, ce n'est que pour les énerver,
les corrompre et les appauvrir. Le voisinage d'une
ville brillante est une calamité pour les villages et
pour les paysans. Les champs se dépeuplent ; une
jeunesse saine et laborieuse méprise les travaux rustiques ; bientôt dédaignant les habits
grossiers, filés et tissus dans la ferme, elle quitte
le soc et la bêche , pour aller engourdir ses bras
vigoureux dans des atteliers mal-sains , ou pour
revêtir dans un hôtel la livrée d'un parvenu. C'est
là que , corrompue par une vie oisive et molle,
et par l'exemple de mœurs nouvelles pour l'innocence, elle n'en connoît et n'en adopte plus d'autres.
Tandis que ses yeux se familiarisent avec tous les
spectacles , son cœur se façonne à la perfidie , au

vol et à tous les excès. Il est rare que celui qui a long-temps été témoin du crime, ne devienne enfin criminel lui-même.

Source de crimes dans le luxe encore, considéré dans son effet sur le cœur qu'il corrompt, en y introduisant la soif des richesses, et en y nourrissant tous les sentiments bas qui en sont inséparables. Personne n'est content de la place où le sort l'a fait naître et ne veut y rester ; tous s'agitent et veulent parvenir, et presque tous, dans leur impatience, dédaignent les moyens trop lents à leur gré, des voies légitimes. Il n'est point de malheur que n'entraînent les richesses, et point de méchanceté à laquelle l'aveugle et vile passion d'en acquérir ne pousse ceux qui en sont tourmentés. Par combien de violences, de catastrophes et de forfaits cette vérité n'est-elle pas attestée depuis le premier âge du monde ?

Source de crimes dans la folle dissipation des deniers publics, dans les systèmes absurdes qu'elle fait éclorre sur l'étendue comme sur l'assiette des impôts, et dans les violentes et oppressives exactions d'un fisc insatiable. De l'accroissement du fardeau des peuples naît le desir de s'y soustraire. Il faut réprimer ce desir ; il faut opposer à la cupidité des barrieres, des galeres, des gibets, des nuées de satellites ; car, comme dit *Filangieri,* avec les prohibitions on a semé les délits. La contrebande est tout ensemble l'amorce et l'école du crime. D'abord elle attire à une vie vagabonde, et elle arrache à des travaux utiles , qu'ils ne reprennent plus , des hommes qui pourroient être de bons peres , de bons maris et d'honnêtes citoyens ; ensuite , pour être exercée avec fruit , elle exige du courage , de l'intrépidité, de la fureur. Or , ce sont là tout autant de germes de scélératesse. Dégénérée enfin en état de guerre , elle porte la désolation au sein d'une contrée paisible ; et soit qu'elle succombe sur l'échaffaud , soit qu'elle triomphe dans les déserts , le sang humain n'en a pas moins été versé à grands flots.

Source de crimes dans les horreurs de la misere et de l'indigence, que les institutions vicieuses accumulent sur la partie la plus nombreuse de l'humanité , en faisant passer toutes les propriétés vers l'autre partie , ou bien en négligeant de réparer et de tempérer , par des soins vigilants, par des secours sagement distribués , par des établismens paternels , les inconvénients de ces inégalités monstrueuses dont les sociétés corrompues sont hérissées. La misere est la mere des crimes, comme l'oisiveté est celle des vices ; et l'on ne voit pas où peut s'arrêter l'égarement du malheureux sollicité par la faim, et à qui l'éloquente voix de la nature commande de préférer, à tout prix, sa conservation à celle de qui que ce soit de ses semblables.

Source de crimes dans la grandeur et la population excessive des villes. C'est dans les flots d'une foule immense, comme dans un asyle impénétrable, que les malfaiteurs vont chercher l'impunité qu'ils trouveroient difficilement ailleurs ; et c'est de là que, sûrs d'échapper à l'œil de la justice , ils portent sans danger leurs coups contre l'ordre public. On fera peut-être, avec le temps, de bonnes loix criminelles; mais certainement elles seront insuffisantes pour réprimer le crime , si l'on ne multiplie extrêmement les districts, et si l'on ne facilite, par une population plus également répandue , la surveillance des tribunaux.

Enfin, source intarissable de crimes dans l'oisiveté à la quelle le peuple est invité de toutes parts, soit par les institutions , soit par les mœurs.

Deux especes principales de fainéants privilégiés ( outre celle des valets dont il a déja été fait mention), pullulent chez une nation corrompue; savoir, celle des mendiants de profession et celle des fainéants à  solde. Le premier de ces états est ordinairement l'écume de tous les autres. Il n'est pas seulement le rebut de la société , il en est encore un ulcere profond et souvent incurable , et il est si voisin de l'état d'indépendance et de guerre, qu'on les trouve souvent confondus. Tolérer la mendicité, c'est, à coup sûr, enfanter des crimes. La détruire et la prévenir, non par les moyens des chaînes et des culs de basse-fosse, mais par ceux que l'humanité et la justice peuvent seules avouer; c'est en extirper le plus grand nombre.

A l'égard des soldats , leur corruption ne vient pas seulement de l'oisiveté qui est attachée à la profession militaire ; mais c'est que leur service à terme étant fini, ils retournent dans leurs hameaux et dans leurs maisons, sans industrie, sans talents et sans goût pour un travail assidu qu'ils méprisent. Accoutumés à la licence des camps et des garnisons, ils ne se dépouillent plus de l'esprit qu'ils s'y sont formé et des habitudes qu'ils y ont contractées. Le crime ne tarde pas à les entraîner, et la plupart sont des hommes perdus pour la société ainsi que pour l'armée. Si la politique inquiete des rois, si la sûreté bien ou mal entendue des sujets, exigent des troupes réglées permanentes et de nombreuses armées toujours sur pied ; que l'administration prenne un soin particulier des soldats congédiés, qu'elle les surveille, qu'elle les suive par-tout, et que, par de bonnes loix, les forçant à rentrer dans la classe paisible des citoyens laborieux, elle les mette, eux, à l'abri de l'indigence, et la société, de leurs entreprises contre son repos.

Nous venons de reconnoître les principes de la plupart des crimes, et de remonter jusqu'à leurs sources. Maintenant suspendons toutes les réflexions que ce vaste et intéressant sujet nous présente, pour nous attacher à une seule dont mon esprit est vivement frappé ; c'est que tout individu que le sort à placé de maniere à recevoir fortement l'action des *causes sociales,* et le choc d'une puissance à laquelle il ne peut résister qu'en lui opposant une puissance supérieure, et de laquelle il n'est peut-être pas doué ; tout individu, dis-je, ainsi placé, est beaucoup moins coupable, sa volonté est beaucoup moins dépravée, lorsqu'il commet des fautes, que s'il n'eût pas été soumis à cette puissance, et s'il fût demeuré libre et dégagé de toute espece de pression. D'où il résulte que , s'il mérite d'être châtié, ce ne doit être que par des peines portées au plus haut degré de douceur et de modération possible. Oui , je le soutiens et ne crains pas d'être démenti ; exiger du peuple qu'il ait des mœurs, dans nos sociétés et sous nos loix telles qu'elles sont, c'est vouloir une chose contradictoire, impossible : le punir avec rigueur pour n'en avoir pas , c'est joindre l'injustice à l'absurdité ; c'est ressembler aux sirenes de la fable qui dévoroient le voyageur après l'avoir attiré par leur chant perfide , ou plutôt c'est imiter le Hollandois avide qui, maître des lieux où croît l'opium , dont il a le plus grand intérêt d'augmenter le débit, force les Insulaires de l'Inde à en acheter, et puis les livre aux bourreaux, pour les actes de fureur auxquels les a portés l'usage de cette plante enivrante.

Mais , dira-t-on , l'homme est libre, et en cette qualité , il est capable de résister à toute action morale qui le pousse , et de se déterminer d'après sa volonté rectifiée par sa raison. Oui , sans doute , l'homme est libre; mais à quoi lui sert ici sa liberté, si vous la lui rendez nulle, ou si vous le mettez dans le cas de n'en faire usage qu'avec des efforts extraordinaires ? Lorsque placé sur une surface unie et plane, le corps n'est attiré dans aucun sens, n'est-il pas dans l'assiette la plus propre à exécuter ses plus beaux et ses plus aisés mouvements? Il en est de même de l'ame; elle n'est véritablement libre que lorsqu'aucune passion, aucune puissance ne la domine et ne la fait pencher vers l'un ou l'autre côté. Mais lorsque l'homme est obligé de lutter sans cesse contre le torrent des institutions qui l'entraîne; lorsque ces institutions qui devoient le guider vers son devoir, de sorte qu'il n'eût plus qu'à s'abandonner à leur cours paisible, pour être juste, bon et heureux; lorsque ces institutions, dis-je, le jettent dans une route opposée, l'égarent et le corrompent, ce n'est plus de volonté et de liberté, mais de force, de courage et de résistance qu'il faut parler.

Or, je le demande, où le commun des hommes puisera-t-il les vertus que ces efforts continuels exigent? Comment les attendre sur-tout de ceux qui composent les dernieres classes de la société! Eh! n'est-ce pas de ces classes infortunées qu'est tiré le plus grand nombre des victimes que la justice immole sur ses autels? Prenons le pauvre pour exemple. S'il est obligé de s'échapper des pieges qui l'enlâcent de toutes parts, s'il est forcé de se conserver innocent au milieu de mille tentations d'être criminel; quel sera son appui dans cette situation délicate? A-t-on lieu d'espérer que les vertus et l'héroïsme nécessaires pour en triompher, se trouveront au besoin rassemblés chez des hommes d'un état incompatible avec une bonne éducation, et dans lequel cette divine faculté de l'ame, qui nous éleve au-dessus de l'adversité, n'a pu recevoir ni développement ni culture?

Ministres, hommes d'état, politiques de toutes les nations, vous entre les mains de qui la confiance du souverain a placé le sort d'une génération entiere, mais à qui le prestige éblouissant des maximes du siecle a fasciné les yeux! il est temps de calculer tous les malheurs qui marchent à la suite d'une législation fondée sur ces maximes; il est temps d'arrêter les torents de sang dont elles baignent les échaffauds. Mais si votre raison s'obstine à céder à vos invincibles préjugés; s'il faut à votre cœur, pour l'émouvoir, des impressions plus fortes que celle de mes tableaux et de mes arguments, allez dans les sociétés régies d'après les systêmes qui vous séduisent; transportez-vous au milieu de ces villes où le bras ensanglanté de la justice ne se lasse point de frapper; jetez vos regards sur cette place publique qu'un arrêt fatal a changée tout-à-coup en théâtre de carnage. . . . . . Quel sang y voyez-vous répandre? pour quels hommes y réserve-t-on les tourments? . . . . . . Hélas! c'est presque toujours pour le malheureux qui fut poignardé par la misere, que l'oisiveté et les mauvais exemples presserent dans tous les sens, et qui, en expirant, demande compte à sa barbare patrie des égarements où le plongerent ses institutions.

Et vous, princes, qui vous laissez endormir sur la pente de la corruption générale, princes qui aimez le bien, et qui peut-être le feriez s'il pouvoit se faire sans effort, sortez de votre sommeil léthargique! Voulez-vous enfin juger du véritable état de

vos peuples? apprenez une vérité dont sans doute
on s'est bien donné de garde de vous affliger : c'est
que tout gouvernement qui, par la nature de ses
loix seme de fleurs la route de leurs trangressions ,
et ne fait pas découler du bien public le bien particulier des sujets, est complice des forfaits qu'il punit; que sous un pareil gouvernement, il y a beaucoup de désordres, mais très peu d'actions criminelles; que la loi répond de tous les maux qui déri-
vent de ses propres vices ; et qu'enfin le méchant
que l'action inévitable de la loi, ou, ce qui revient
au même , que la dépravation de l'ordre légal a
rendu tel, n'est qu'une machine immorale et passive qui a obéi à l'impulsion de son agent.

Mais si la foiblesse de ma voix l'empêche d'arriver jusqu'à votre oreille; si pour être auprès de
vous l'organe de la vérité, il faut absolument des
titres que je n'ai point encore; princes , écoutez la
voix de la sagesse et de la raison. « Heureux les peu-
« ples (c'est elles-mêmes qui vous parlent par la
« bouche de leur plus respectable défenseur), heu-
« reux les peuples chez lesquels on peut être bon
« sans effort, et juste sans vertu ! S'il est quelque
« misérable état au monde où chacun ne puisse vivre
« sans mal faire , et où les citoyens soient frippons
« par nécessité, ce n'est pas le malfaiteur qu'il faut
« pendre, c'est celui qui le force à le devenir (1). »
Choisissez donc entre ces deux partis, et il ne vous

_______________

(1) Emile, liv. III.

en reste point d'autre, ou de continuer à sacrifier des victimes innocentes, ou de réformer vos institutions.

Réformer les institutions sociales ! quelle tâche glorieuse, quel sublime exercice de la souveraineté ! L'homme qui crée une nation et qui la civilise, le citoyen qui la défend, le guerrier qui étend son empire jusqu'au bout du monde, sont dignes sans doute de notre admiration ; mais le prix de la véritable grandeur et du plus difficile héroïsme, oui, ce prix n'est dû qu'au restaurateur d'une nation dépravée. *Romulus* et *Pierre* ont droit à nos hommages ; mais notre amour et notre reconnoissance sont à *Lycurgue* et à *Léopold*. Arrêter la corruption d'un peuple, tarir la source des vices et des crimes qui l'entraînent à sa ruine, et lui rendre sa santé première, en faisant pour ainsi dire couler dans ses veines une seve fraîche, un nouveau principe de vie : voilà la plus belle carriere qui puisse être ouverte à la noble ambition d'un grand prince.

Mais l'espoir de la fournir ne seroit-il qu'une chimere ? le retour aux mœurs et à la vertu est-il donc impossible ? Hélas ! si nous consultons l'expérience, si nous interrogeons les faits, nous ne recevrons à ces questions qu'une réponse désolante. Mais à dieu ne plaise qu'elle soit irrévocable, et qu'une funeste erreur suspende ou refroidisse les efforts des souverains pour la démentir ! Dans quelque état de corruption qu'une société soit plongée, il dépend d'un monarque vertueux et ferme de l'en tirer ; et c'est dans cette heureuse faculté que réside peut-être le seul avantage de la puissance absolue placée dans les mains d'un seul homme. Car ce qui fait qu'un peuple libre, qui veut remonter du vice à la vertu, n'en vient jamais à bout qu'à la faveur de quelque circonstance inattendue ou de quelque grande catastrophe, c'est qu'il est obligé de réformer à la fois toutes ses parties intégrantes, de faire agir le tout sur le tout, et d'opérer, par sa seule énergie, la révolution qu'il projette. Mais un bon roi n'a qu'à vouloir seul et fortement le bien pour le produire par-tout ; son influence irrésistible entraîne tous les cœurs et modifie les penchants ; sa volonté est un pivot sur lequel tournent à son gré toutes les volontés.

Rois d'un peuple brillant et corrompu, votre ame ne s'élevera-t-elle point au niveau de votre puissance suprème? dédaignerez-vous d'exercer le plus doux comme le plus beau des empires? Cette foule empressée qui se précipite sur vos pas et qui vous entoure, ne sera-t-elle toujours qu'une pompe tumultueuse et vaine? et ces élans de respect et d'amour, ces vœux ardents des cœurs de vos sujets, ne monteront-ils vers vous que comme un encens stérile, comme une vapeur enivrante? Ah ! plutôt, employez ces instruments d'un aussi grand pouvoir à combattre la corruption ! Armez vos mains du fer salutaire de la réformation, non pour détruire et mutiler des hommes, comme si la vertu ne pouvoit germer que dans le sang, et s'annoncer que par *la* terreur; mais pour éteindre et prévenir les crimes, en restaurant les mœurs et en reconstruisant l'édifice de vos loix prêt à s'écrouler.

Il est donc prouvé qu'une nation dépravée a des droits plus qu'une autre à la modération des peines. Il est encore prouvé que l'humanité du législateur à son égard, n'expose la tranquillité sociale à aucun risque, et remplit, aussi bien que le feroit la sévérité, toutes les fins des loix pénales.

Ces vérités ont dû clairement résulter des réflexions qui viennent d'être approfondies, et qu'il est temps enfin de terminer. Mais en voici une non moins importante et qui est commune à toutes les sociétés politiques, en quelque état qu'y soient les mœurs; c'est que, sans un zele infatigable à découvrir et à punir les coupables, la douceur des châtiments n'est qu'une lâcheté déshonorante et funeste. Des loix dont les infractions ne sont pas poursuivies avec la derniere activité, ne sont qu'un objet de dérision pour le méchant et qu'un monument de foiblesse et de honte pour tous, cent fois pire que leur anéantissement même. La plus cruelle et la plus sanguinaire des jurisprudences est celle, sans contredit, qui laisse échapper le plus de coupables.

La douceur et l'impunité ne doivent donc jamais marcher ensemble. Protégeons l'innocence, sauvons-la, n'importe à quel prix; mais qu'aucun malfaiteur ne puisse espérer de se soustraire à l'œil perçant de la loi et au bras vengeur de la justice.

Heureuse la nation chez laquelle une jurisprudence amie de l'homme est tout ensemble la sûreté du juste et la terreur du méchant ! Plus heureuse encore celle où la rareté des crimes rend superflue la science difficile de les réprimer et de les punir !

FIN.

JE certifie que, sur le rapport de MM. DE PAULE et DE DEMAN-
DOLX, l'académie de Marseille a permis à M*** de faire imprimer
sous son privilege le Discours sur la sévérité des loix, qui avoit
obtenu le prix en 1788. A Marseille, le 5 février 1789.

BERNARD, secrét. perp.